Original Title: The Triathlon Training Book
Copyright © Dorling Kindersley Limited, 2016
A Penguin Random House Company
本书中文简体版专有出版权由Dorling Kindersley
授予电子工业出版社。未经许可，不得以任何方
式复制或抄袭本书的任何部分。

版权贸易合同登记号　图字：01-2018-5123

图书在版编目（CIP）数据

铁人三项训练全书 / [英] 詹姆斯·贝金赛尔
（James Beckinsale）著；胡适，徐红译. —北京：
电子工业出版社，2019.5
书名原文：The Triathlon Training Book
ISBN 978-7-121-34787-0

Ⅰ.①铁… Ⅱ.①詹…②胡…③徐… Ⅲ.①铁
人三项全能运动—运动训练 Ⅳ.①G888.12

中国版本图书馆CIP数据核字（2018）第165940号

策划编辑：张　冉（zhangran@phei.com.cn）
责任编辑：雷洪勤
印　刷：洛德加印刷（广州）有限公司
装　订：洛德加印刷（广州）有限公司
出版发行：电子工业出版社
　　　　　北京市海淀区万寿路173信箱
　　　　　邮编100036
开　本：850×1168　1/16
印　张：10.5　　字数：336千字
版　次：2019年5月第1版
印　次：2019年5月第1次印刷
定　价：78.00元

凡所购买电子工业出版社图书有缺损问题，
请向购买书店调换。若书店售缺，请与本社发行
部联系，联系及邮购电话：（010）88254888，
88258888。
质量投诉请发邮件至zlts@phei.com.cn，盗
版侵权举报请发邮件至dbqq@phei.com.cn。
本书咨询联系方式：（010）88254210，influ-
ence@phei.com.cn，微信号：yingxianglibook。

目　录

译者序

铁人三项运动或三项全能运动（Triathlon）是游泳、骑自行车和跑步贯穿完成的一项有意思的运动；而大铁（IRONMAN）则是其中非常重要也最有挑战性的比赛之一，它由3.8公里的游泳、180公里的自行车骑行和42.2公里的马拉松三项运动组成。无论从字面上还是运动距离上看，只有完成IRONMAN比赛的人才算是真正意义上的"铁人"。参照七项全能（Heptathlon）和十项全能（Decathlon）的译法，Triathlon只能称为三项全能；但是，由于历史和文化的原因，在中文语境下，人们习惯把任意距离的三项全能运动（Triathlon）都称为"铁人三项"。由于这一矛盾，对于铁人三项精确定义的争议从未中断过。在本书翻译过程中，我们遵从中国既有的翻译习惯，对任意距离的游、骑、跑连贯项目使用铁人三项（Triathlon）的说法，并依据比赛距离的长短划分为大铁、半程大铁、标铁（奥运距离）和半程标铁等。

铁人三项运动是对体能和意志力的挑战，其训练方法也是极其讲究科学规律的；不正确的方法不仅会令训练效果不佳，而且会导致持续的伤病和退步。本书由英国知名铁人三项教练詹姆斯·贝金赛尔（James Beckinsale）根据多年执教经验总结完成。全书对铁人三项运动的技术特点、训练计划、练习方法、比赛策略，以及运动员的营养调节、力量和身体素质训练做了详尽的描述、讨论和建议。相信无论是刚刚入门的新手，还是进阶的老手，都能够从书中得到一定的启发。需要提到的是，关于铁人三项的任何一本书都不可能做到全面概括，也无法对每个人的训练进行有针对性的指导。每个人的起点不同，先天的身体条件各异，能够利用的训练时间也不一样；绝大多数的铁人三项爱好者都面临着工作、家庭、学业和爱好的平衡问题；书中从西方饮食背景下提出的营养方案在具体实施中必然需要做相应的调整。因此，读者应该注重从精神上领会本书各章节的训练原则和技术要素，结合自身的情况进行训练、饮食和比赛的安排，利用有限的精力取得最大的进步。从另外一个意义上说，铁人三项运动又是一项积极的修行，甚至可以成为一种健康的生活方式，融入每个人的生命当中。

2018年是我接触铁人三项运动的第十个年头。在这十年里，我从一个旁观者变成一个参与者、评论者和积极的推动者，中国铁人三项运动也完成了从萌芽到初步繁荣的发展阶段。中国的参赛人数从十年前零零星星的几百人发展到今天的近万人，一百多个俱乐部在华夏大地上快速崛起；官方的中国铁人三项联赛和民间的商业赛事形成良好的协同发展势头。伴随着通信方式和交通方式的飞速进步，沟通、学习和参赛都变得更加便捷，铁人三项的运动群体正以前所未有的速度不断扩张，几乎每天都有新鲜的血液注入进来。万达公司对世界铁人公司的收购为这项运动在中国的发展提供了前所未有的机遇。但是，相比美国、德国、澳大利亚等铁人三项强国，我们的参与体量还是微不足道的；相比美国一年约4000场铁人三项比赛的规模，我们要走的路还很远，中国铁人三项运动的成长空间还很大。相信本书中文版的出版会对中国铁人三项运动的进一步推广和普通爱好者的科学训练起到持续的推动作用！

胡适
2018年7月
于天津大学北洋园

前　言

　　铁人三项运动是现今世界上参与人数增长最快的运动之一。随着2000年铁人三项比赛走上悉尼奥运会这个舞台，人们对它的了解越发深入，现在全世界超过160个国家都有了相关的电视媒体报道。因此，有理由相信，将会有更多像你这样的人热切地想要加入这项奇妙而又充满回报的体育项目当中。

职业选手

　　在电视机前观看奥运距离铁人三项比赛是非常令人激动和惊叹的。没有什么项目会有观看一群超级健硕的耐力选手跳入波澜壮阔的江河湖海当中开始游泳那样令人激动。他们出水之后紧接着就会跑向换项区，脱去胶衣、泳帽、泳镜，戴上头盔。之后，他们一拿到车就很快地上演"飞身上车"的绝技，开始以接近40公里/小时（女）或45公里/小时（男）的速度全力骑行。最终，他们进入最后的跑步环节，在极短的时间内（45秒左右）扔下自行车和头盔，穿上跑鞋，跑出换项区开始高速疾奔。

　　对铁人三项了解得越多，就会越崇拜这些运动员。你会发现他们想尽办法节省能量，避免麻烦，迎接竞争；你也就越发意识到（像他们那样）跑10公里用时35分钟是件多么困难的事情。这是一项令人高兴、振奋人心和激发热情的项目。

新手

　　铁人三项运动还有它的另外一面。看一个刚刚入门的新手在游泳池里游上400米也同样令人鼓舞。游完之后，他们会走到自己的自行车前，通常看上去都已经有些累了，这时他们在换项区里慢慢穿好袜子（有时甚至再穿个保暖的外套），再缓缓推车走过上车线开始骑行。

　　如果是顺风，他们或许可以按20公里/小时的速度完成20公里的自行车赛程；之后他们也会回到换项区里准备跑步，虽然这时他们脑子里面还一直在琢磨自己要如何才能跑完剩下的5公里。

　　然而，很多时候他们都可以做到，因为这不仅是铁人三项运动的草根性，这也是人类精神的一种表达，即我们可以凭借自己的意志力和决心来完成一些挑战。

一种生活方式

　　在前面提到的精英选手和业余新人之间，还有一大批严肃的铁人三项选手，他们愿意每周花上15个小时来进行训练，与此同时还依旧得保证他们的全职工作、家庭义务和社会生活。

　　铁人三项运动最大的吸引力在于它可以成为一种相当好的生活方式——你可以尽你所能进行训练。你并不需要像那些特别痴迷的选手那样训练很多，你可以每周去几次当地的游泳池，每次就游30分钟左右，在上下班路上骑车通勤，周末和晚上的时候同家人一起慢跑一会儿。如果你只能练这么多，那也没有问题，对于完成迷你距离三项赛而言，这都是绰绰有余的。

　　很多选手是从其他运动转入铁人三项运动的，而另一些人则完全没有运动基础；还有些人只是为

每个人都需要了解的一点基础知识

铁人三项比赛通常有以下4种距离：半程标铁，标铁（或奥运距离铁人三项），半程大铁和大铁。从新手到职业选手，每个人都有他们自己的偏好。不同距离的比赛也对选手的技术水平、训练和准备情况有不同的要求，但有些事情却是放之四海而皆准的（见124~131页）。

四类主流的铁人三项比赛：

半程标铁（750米游泳—20公里自行车骑行—5公里跑步）

标铁（1500米游泳—40公里自行车骑行—10公里跑步）

半程大铁（1900米游泳—90公里自行车骑行—21公里跑步）

大铁（3800米游泳—180公里自行车骑行—42公里跑步）

了寻找一个新的挑战。我早年是个拳击手，当我在25岁开始铁人三项训练时，我都从来没有骑过竞技形式的自行车，也完全不会游泳。

作为教练员，我发现自己早年的经验缺失实际给我带来了某种优势——我需要自己先成功学会这三项运动才能转向教练。因此，我深刻理解什么叫作水感，也清楚骑完车之后腿上的那种酸疼感。举个例子，我在1999年参加铁人三项世锦赛的时候是最后一个起水的选手，虽然我完全不希望如此。

尽管如此，20年后，我依旧奋战在铁人三项竞技和全职教学的岗位上，而我依旧坚信这是我能得到的世界上最好的工作。

而只有当你通读全书，你才会了解到游泳、骑车和跑步技术的复杂性，也才会像我一样了解到为什么每一项都有其独特的"艺术性"。但我需要做得更多，我要把这种艺术性与训练的科学性相结合。我需要向你解释清楚如何使用已有的训练计划来高效地训练——包括吃什么、喝什么、什么时候该休息，以及如何调整训练计划来满足你的生活需求；我还会讲述如何尽量避免常见的运动伤病以及如何处理已有的问题；最终，我还会告诉你怎样从生理和心理两个层面为比赛做准备，保证你能在你最需要的时刻达到巅峰状态。

无论你是否已经有了教练，或是已经成为某个铁人三项俱乐部的成员，你都可以利用这本书里学到的知识来指导自己每个阶段的训练、学习，并通过不断进步来建立自信。我也仍然在不断吸收新的知识并且依旧痴迷于这项运动每天带给我的挑战。

好吧，现在我们就练起来！

詹姆斯·贝金赛尔
MSc, BTA L3

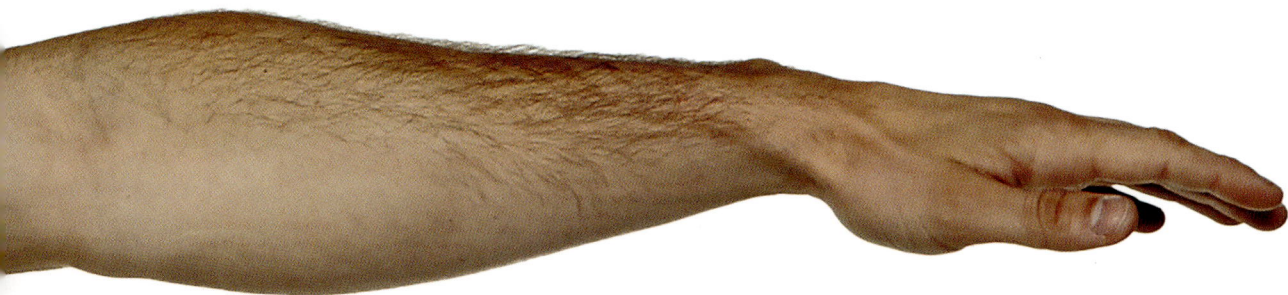

游泳课堂

游泳分解

游泳是一项全身性的运动：你的躯干和四肢协同工作，推动你在水中前进。水一方面承担着你的重量，另一方面却又阻碍你的前进。你的表现将依赖于你身体的流线型及划水技术的好坏。你应当从你的基础技术练习出发，了解划水动作的每个分解阶段（如下图所示）将有利于你出色地完成铁人三项运动的第一个环节。

关键点 »

游泳需要调动人体所有的主要肌群，但爬泳主要涉及背阔肌、胸肌、肱三头肌以及肱二头肌（对侧图示）。稳定而放松地打腿需要用到髋屈肌、股四头肌、腘绳肌和臀肌，但其主要作用不是提供推进力而是保持身体平衡。

- 胸大肌
- 臀肌
- 髋屈肌
- 背阔肌
- 肱三头肌
- 肱二头肌

游泳力学

在铁人三项运动中使用任何一种泳姿都可以，但自由泳（爬泳）无疑是长距离游泳中最高效的一种泳姿。水比空气的密度大得多，相同情况下水的阻力会比空气大出1000倍；因此，游得越平，水的阻力也就越小。你会发现高手们在水中就能浮得更好，腿沉得不那么厉害，因此如何优化水中的体位对于提高游泳水平很关键。保持正确的头部位置，放松地进行打腿将会有利于身体保持平衡，减小阻力。

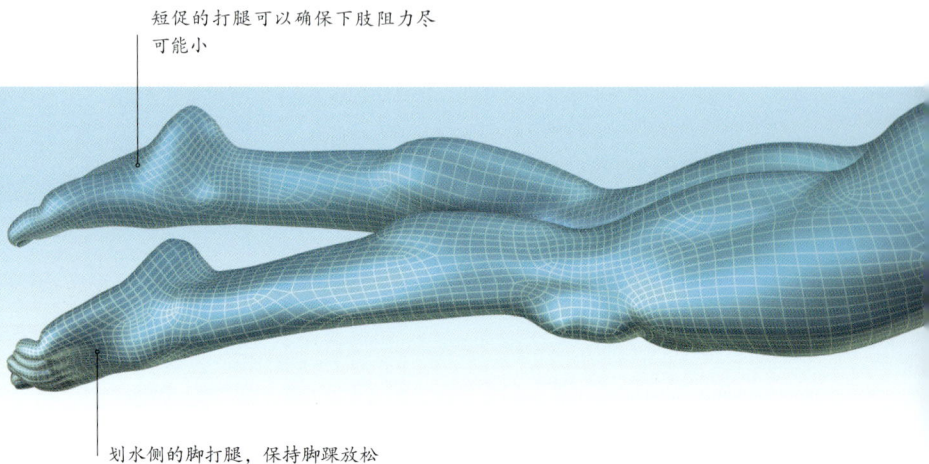

短促的打腿可以确保下肢阻力尽可能小

划水侧的脚打腿，保持脚踝放松

入水前伸

第一个阶段是前侧手的入水，此时三角肌和肩部肌肉带动手入水并使得手臂充分前伸。

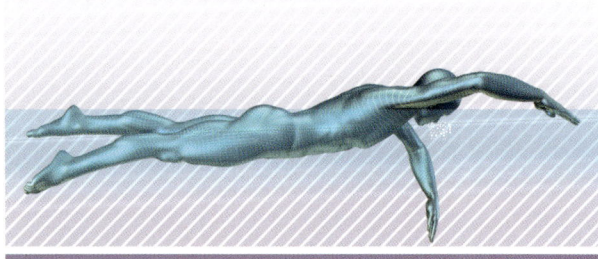

抓水

在保持前侧手肘高位向外的同时，手抓水推动身体向前。同侧脚打腿的同时转动臀部和肩部，使得身体从手上方经过。

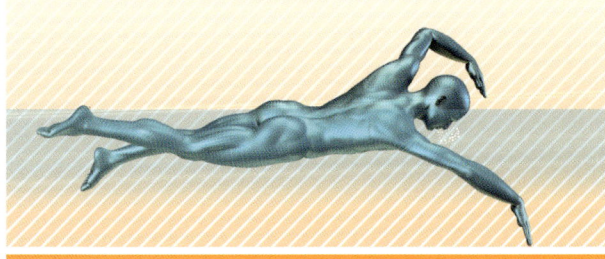

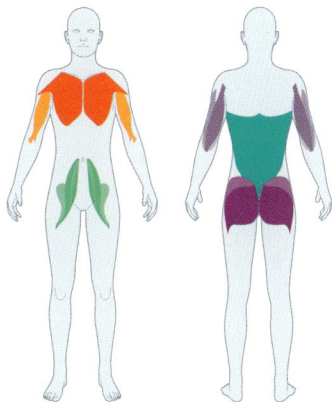

动力学链

人的身体是用来运动的，它包含了肌肉、关节和神经，并通过筋膜（结缔组织）连接在一起，构成了人体的动力学链，即人体运动系统。动力学链中的这些环节使得人能够完成高度灵活、协调的运动；而其中的薄弱环节如酸痛的肌肉等，则会产生连锁反应，影响人体的整体表现。

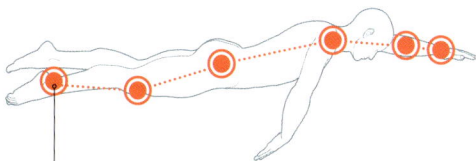

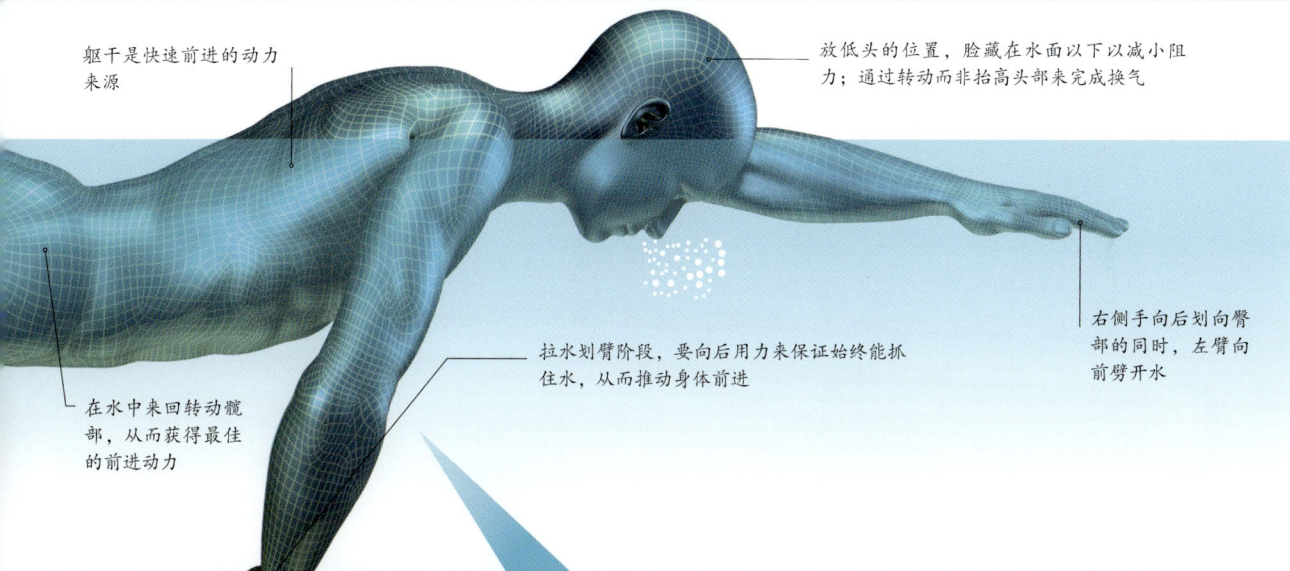

有效的游泳划水需要动力学链中的每个元素都处于良好的工作状态

躯干是快速前进的动力来源

放低头的位置，脸藏在水面以下以减小阻力；通过转动而非抬高头部来完成换气

在水中来回转动髋部，从而获得最佳的前进动力

拉水划臂阶段，要向后用力来保证始终能抓住水，从而推动身体前进

右侧手向后划向臀部的同时，左臂向前劈开水

推水划臂

前臂后摆推水，使得身体前进，同时调动臀肌和腘绳肌完成打腿动作，协助身体保持平衡，同时也提供水中前进的动力。

移臂归位

当手臂从水中抬起越过头顶时，身体正处于其最大前进速度；此时身体需要充分放松，为下一个划臂周期做准备。移臂的同时，异侧手开始抓水。

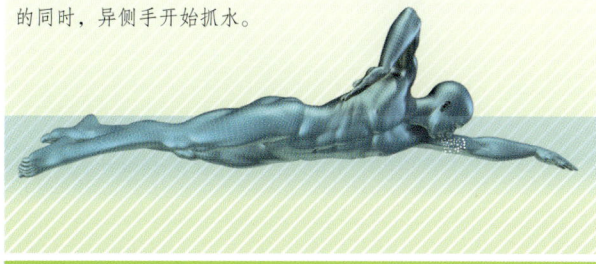

高效率的游泳

　　运动员在水中的效率对于游泳而言至关重要，这通常需要从三个方面来完成：①让头和身体保持正确位置，确保有利的流线型，减小阻力；②放松而紧凑地打腿可以进一步减小阻力；③高效地抓水可以让你牢牢控制住水，在准确的时机完成划臂动作，推动身体前进。围绕这三个环节合理安排基础练习才能够提高效率，游得更快。

> " 灵活的脚踝是高效打腿的关键，但矛盾的是，铁人三项选手又需要稳固的脚踝来确保骑车和跑步不受损伤。因此，只有减小打腿的强度才能使铁人三项选手在水中节省力量，高速前进。"

髋部、躯干和肩部形成一体进行转动，划臂过程中保持身体呈流线型前进

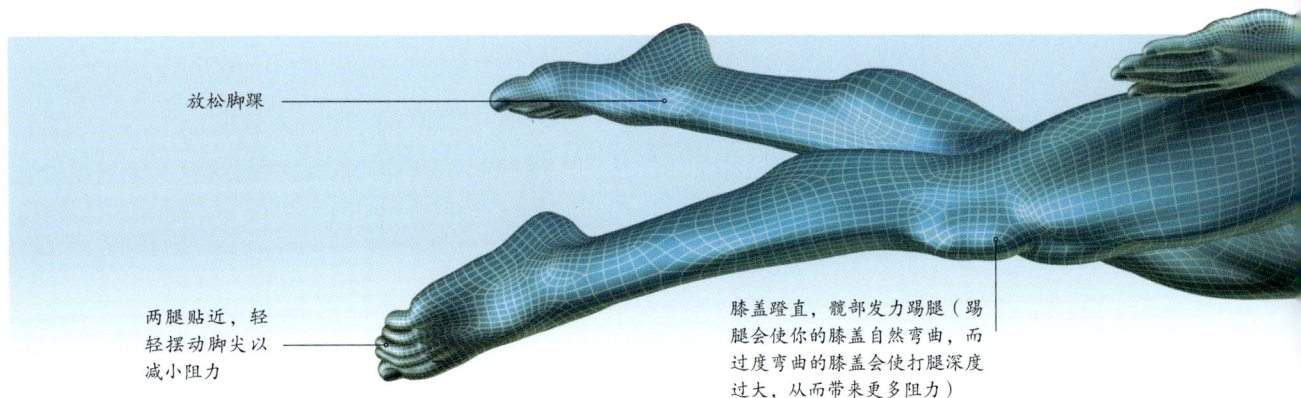

放松脚踝

两腿贴近，轻轻摆动脚尖以减小阻力

膝盖蹬直，髋部发力踢腿（踢腿会使你的膝盖自然弯曲，而过度弯曲的膝盖会使打腿深度过大，从而带来更多阻力）

打腿

　　游泳运动员习惯于在比赛中使用波动式打腿，也就是使用短促的上下鞭腿来帮助身体转动、平衡并维持体位。从打腿中获得的动力是很有限的，所以不要过于追求打腿动力，而是要努力提高打腿的技术、节奏和划臂的时间点（见18~19页）。

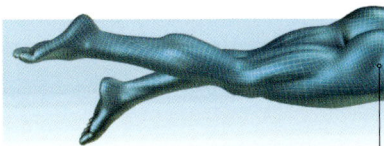

打腿是从臀部发力而非膝盖发力

1 向上打腿不要太高，否则会打出水花，增加阻力。相反，应将其作为平衡向下打腿的一种方式。

保持脚踝放松

2 向下打腿的同时，同侧手开始抓水（见16~19页），使用浅打水方式减小阻力。

流线型

好的流线型是指在产生尽可能小的阻力的情况下游进。阻力是在水流经过你的身体时造成的，会阻碍你前进；保持良好的流线型可以减少阻力。

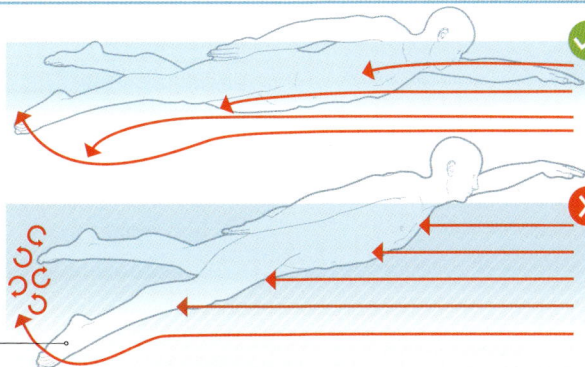

✅ **流线型体位**
低头，抬臀，浅打水的水平游法，这样阻力很小。

❌ **错误姿势**
图中的"上山"游法使得水流无法轻易从你身边流过，因此会产生巨大的阻力。

重打腿、高抬头会让你的身体下沉，产生较大阻力

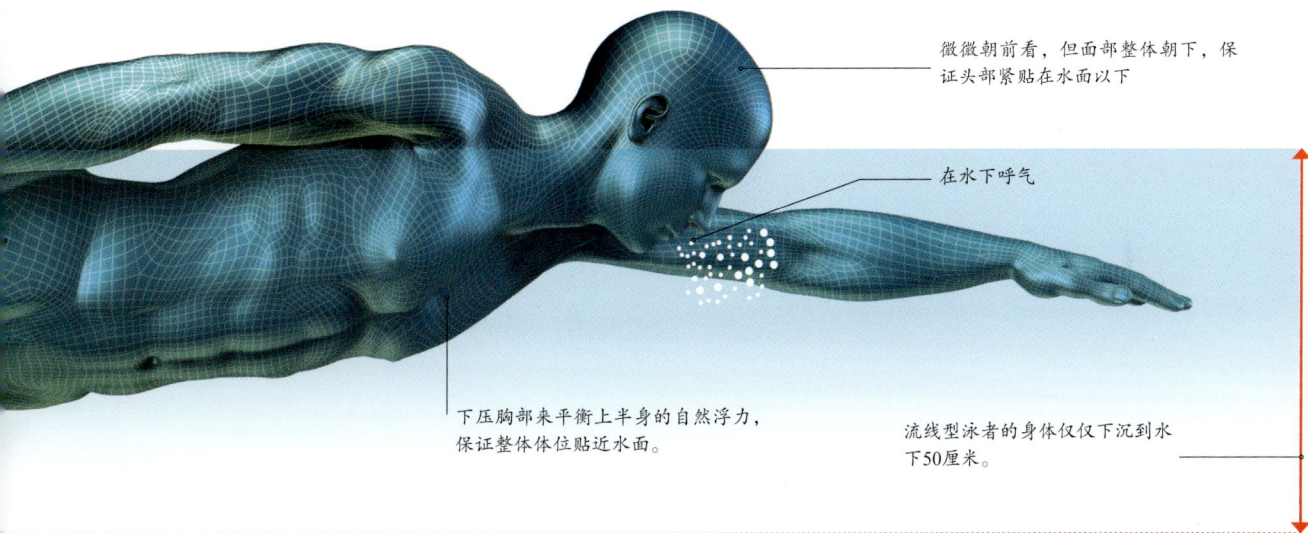

微微朝前看，但面部整体朝下，保证头部紧贴在水面以下

在水下呼气

下压胸部来平衡上半身的自然浮力，保证整体体位贴近水面。

流线型泳者的身体仅仅下沉到水下50厘米。

呼吸

游泳时的每个动作都会产生一个相对的结果。在水中抬头呼吸的动作会造成腿部下沉。呼吸时要保证头在水中，移臂的同时向同侧转头（而非抬头），吸入脸一侧的空气。在水下通过嘴和鼻子呼出气体，排空肺部，为下次呼吸做准备（见19页）。

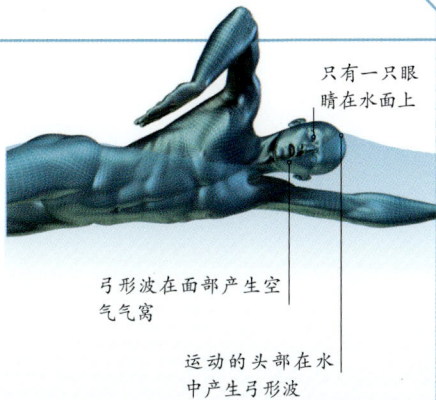

只有一只眼睛在水面上

弓形波在面部产生空气气窝

运动的头部在水中产生弓形波

抓水

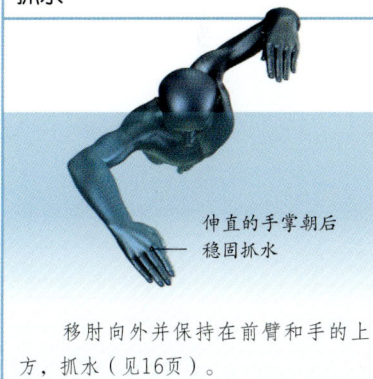

伸直的手掌朝后稳固抓水

移肘向外并保持在前臂和手的上方，抓水（见16页）。

划臂动作

人在水中前进的动力来源于抓水和抱水，这一动作需要以手和前臂为锚点，不是手往后"走"，而是身体越过手向前进。训练的重点是游泳划臂四个阶段的理论学习和技术掌握（见22～25页），这样才能显著提升比赛的表现。

> 66 前侧手入水后完全伸直，从而最大化抱水的距离，可以在每一轮划臂中游得更快。99

入水前伸

前侧手切入水中，水与肩同高，手臂要前伸到最大幅度。

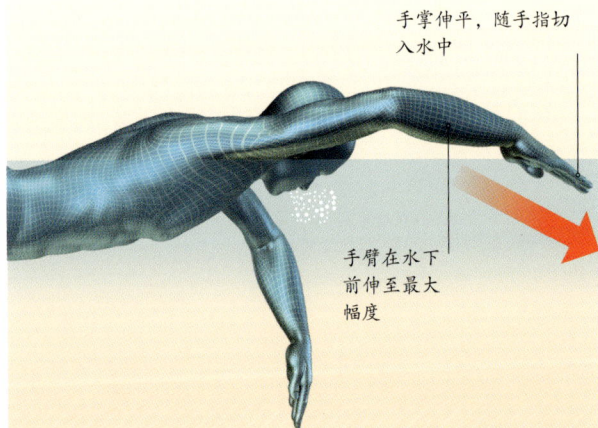

手掌伸平，随手指切入水中

手臂在水下前伸至最大幅度

- 向异侧转动身体，并保持在水中的水平位置（见上图）。
- 在前侧手臂随手指入水的同时，转动臀部和肩部，进一步增加推进力。
- 前侧手臂继续伸展，手尽可能往前够，但也不要过度伸展使得身体变形。

抓水

当前侧手臂充分伸展之后，就可以开始抓水了——这是划臂周期中最重要的环节，为身体的前进做好准备。

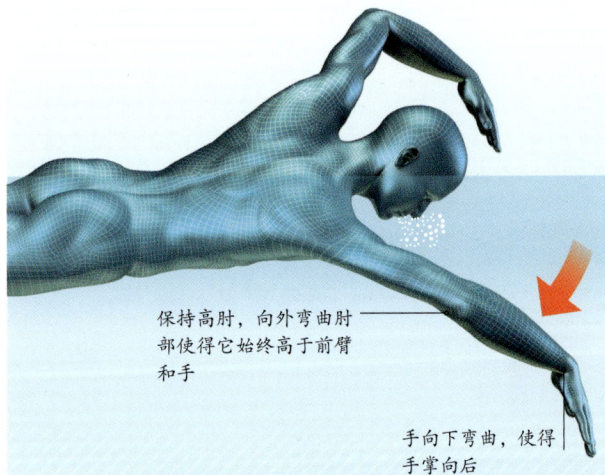

保持高肘，向外弯曲肘部使得它始终高于前臂和手

手向下弯曲，使得手掌向后

- 腕关节（而非指关节）向下弯曲，使手指向下，手掌向后。
- 用手轻轻按压水，并逐步抓住它。
- 弯曲肘关节使其高过手腕，保持腕关节下扣，使手低于手腕——这就获得了最佳的抓水位置。现在，你便可以对水用力了。

前交叉游泳

　　高效游泳的关键在于掌握划臂的时机，尤其是身体前侧的动作。把水面想象成一条直线，并在泳者头部位置进行前后分割，得到4个象限。好的前交叉游法是要保证任何时刻都有手在前面的2个象限中，因此总是会有一个前侧手。两手的交替换位也将只在头的前部完成，比如一侧手臂抓水，另一侧移臂。

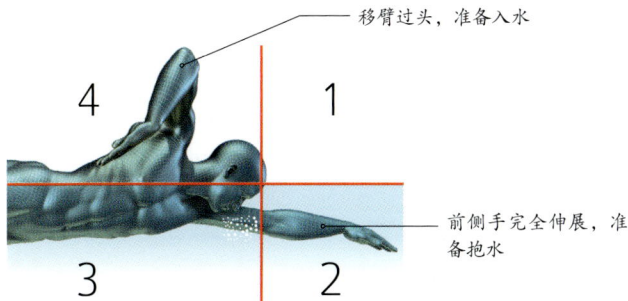

移臂过头，准备入水

前侧手完全伸展，准备抱水

拉水划臂

　　抓到水后，手用力按水，带动身体从手上方经过。当肩部越过手时，加快划水动作，直到手到达髋部。

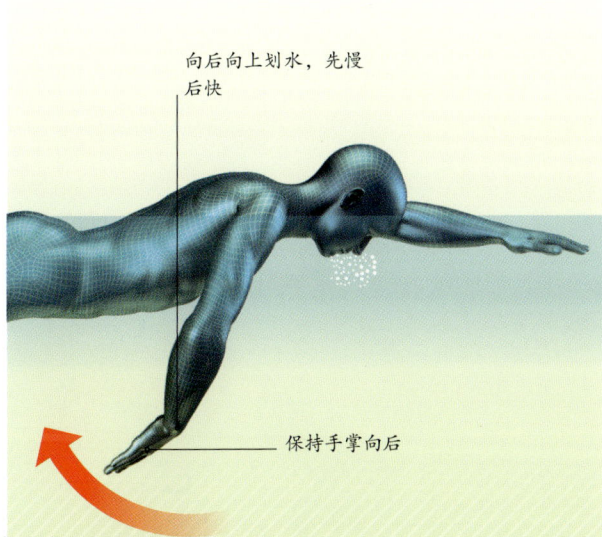

向后向上划水，先慢后快

保持手掌向后

- 保持肘部足够高，用手推水，增加划水动力。
- 保持手掌向后，让身体获得好的流线型，以便持续向后而非向下推水。
- 向后向上划臂，手要推到髋部以后再出水，以获得最大的推进力；这一过程中，拇指可以轻触髋部。

移臂复原

　　手出水后，划臂动作就算完成了。接下来抬肘出水，放松手臂开始移臂恢复环节，依靠肘关节带动手臂经过头部。

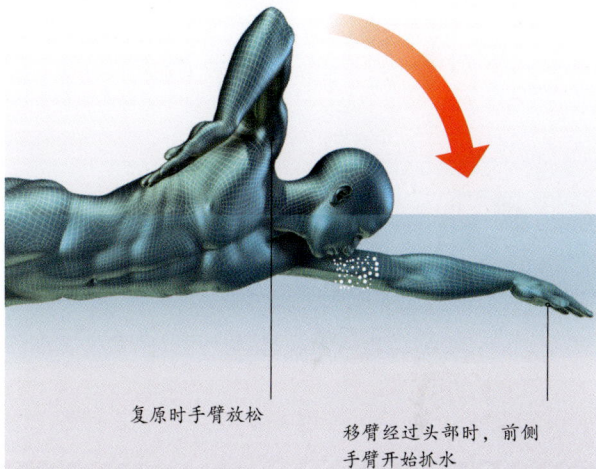

复原时手臂放松

移臂经过头部时，前侧手臂开始抓水

- 当你移臂出水后，身体自然转向另一侧。
- 复原侧手臂和肩部肌肉自然放松以节省能量——此时，另一侧手臂在前方开路。
- 复原侧手臂继续保持高肘，使得该侧手臂向前落下，移肘经过头部入水后便开始了下一轮的划臂动作。

划臂周期

两次划臂（左右各一次）构成一次完整的划臂周期。开始练习划臂的时候，可以在开始抓水之前停顿一下。不要急于开始抓水动作，如果在公共水域游泳，滑行过久并不适用。随着划水时机和划水感觉的改善，可以缩短动作周期，尽可能少地在前伸阶段滑行，更快速平稳地进行各阶段的切换。

划臂周期的各个阶段

入水前伸

左臂处于抓水阶段时，向前伸出右肩和右臂，入水伸直手臂，保持手掌向下。

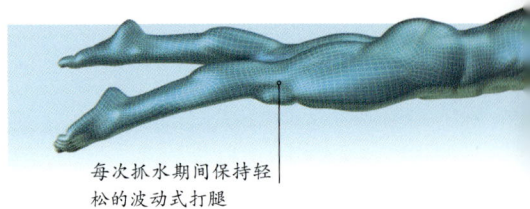

每次抓水期间保持轻松的波动式打腿

抓水

当身体转向左侧，甩起左臂经过头顶时，右臂做好抓水的准备：肘部向外弯曲，使其在前臂和手上方。接下来，就是推水、打腿和转体，推动身体前进。

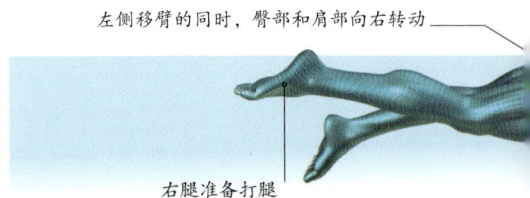

左侧移臂的同时，臀部和肩部向右转动

右腿准备打腿

拉水划臂

在推水的同时，积极向下打腿，身体转向右侧；右手朝后，稳定拉水。紧接着，向后划动手臂经过髋部，逐步加快划动，以获得更好的抱水效果。

每次抱水时保持波动式打腿

完成划臂

右臂完成划水离开水面后，身体完全拉长，且处在最高速状态。如果划臂很快，手出水时还将拂到水。如果在公开水域游泳，这也是你抬头观察浮漂的时机（见30～31页）。

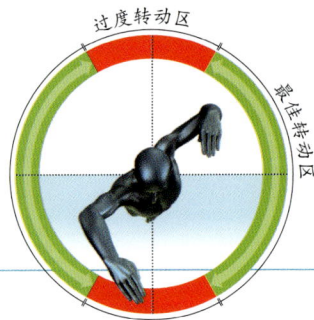

过度转动区

最佳转动区

恢复

右手出水后，放松手臂，并依靠肘部带动手臂抬起，肘部移动过头顶后，手臂开始前伸，马上开始下一个划臂周期。

要让自己的肩关节、躯干、臀部统一协调地转动45°～60°；一般而言，浮力越大，所需转动的角度越小。转动过度（图中红色区域）会损失推进力量，降低效率。

100

每分钟100下左右的划臂次数对于快速高效地完成铁人三项运动的游泳是比较好的选择。

指尖向前，右臂切入水中

左臂推水

在抓水阶段，让手在水中保持位置固定不动（图中红线所在位置），并通过臀部转动发力，让你的身体向前推进

保持高肘，手掌向后推水

左侧手臂切入水面的同时，臀部和身体其余部分转向右侧

左手入水并前伸的同时，肩部随之转动

右手沿身体中线划动并移至髋部

右臂拉出水面完成划臂动作

左腿准备向下打水

左手充分伸展，准备抓水

右肘带动小臂前移至下次入水前的位置

左手抓水开始后，右腿开始向下打，但要保持腿部放松

移动右臂过头之后，左臂开始抓水

动作配合

每个周期的打腿次数

　　铁人三项游泳最常见的打腿次数是每个划臂周期2次，但也有些选手使用4次或6次打腿来平衡身体。游得快的关键在于动作配合。打腿需要和同侧手的运动相配合：一旦准备好抓水并开始推水，就需要同时开始向下打腿，并使身体转向同侧。

" 经过第一个浮漂之后，精英选手们的划频就稍稍降下来了，稳定在每分钟75~80次（约40个划臂周期）。**"**

每个周期的呼吸

　　不同的人有不同的呼吸策略。虽然说换气次数越少，身体受阻就越少，但你终究需要氧气，因此比赛时可以选择自己舒服的方式来呼吸。训练的时候，两侧换气（每三、五、七下手一换气）可以让身体两侧肌肉更均衡地发展。

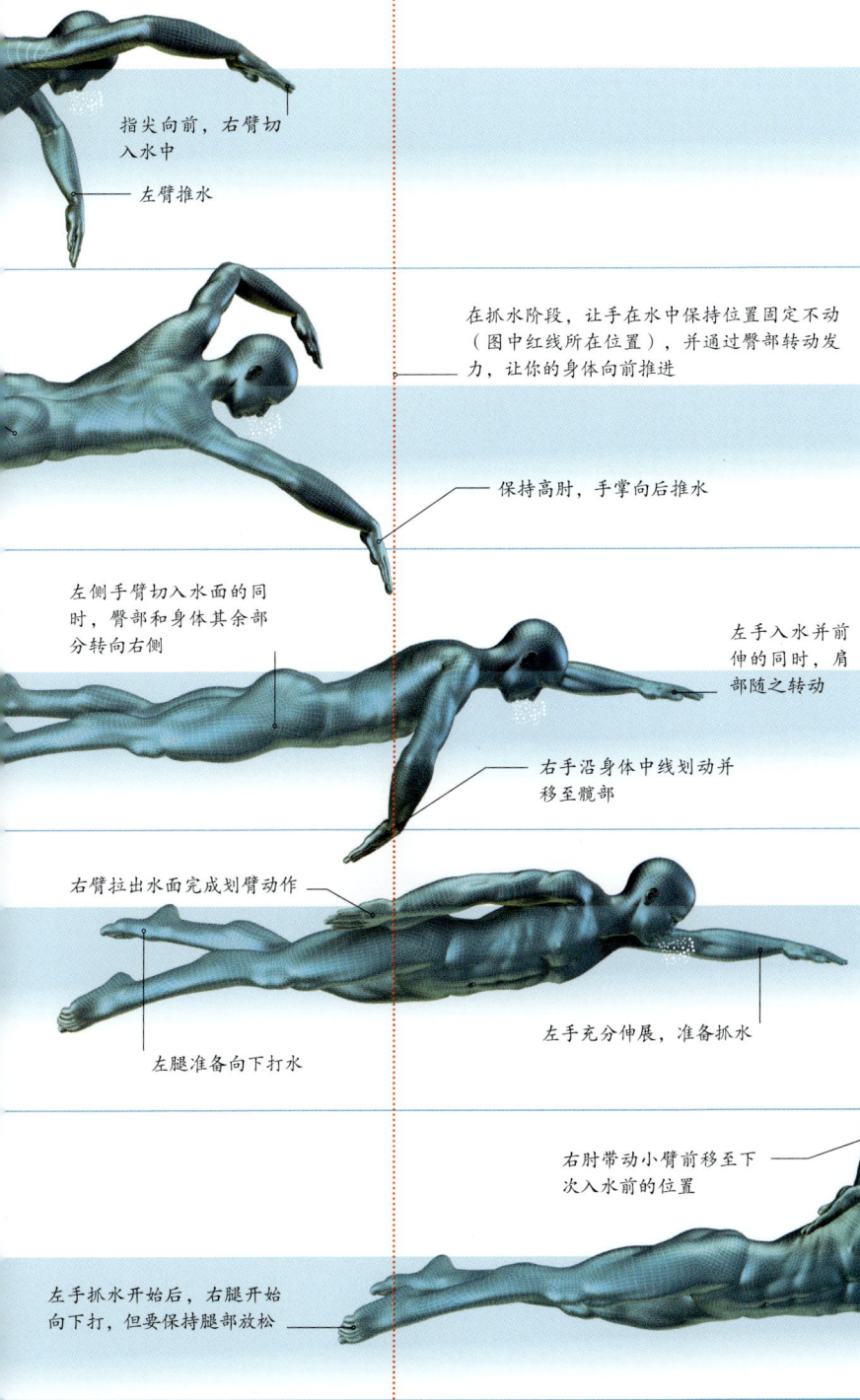

热身动作

泳前热身是有效训练的重要组成部分。按照常规的热身步骤，下水前充分活动肌肉并拉伸。热身不仅可以使自己在训练中表现更好，同时还可以防止伤痛。

岸上热身

岸上热身的目的是让身体开启运动模式，让血液在下水前能流动到核心肌肉群。岸上热身一般为5~10分钟。

保持转动的手臂伸直

肱二头肌从耳边擦过

2 **竖直摆臂** 双手在胸前平举，然后以肩为轴，右手向下转动画圆，重复10次该动作。再换左手做同样的动作。之后每个手臂再反方向转动画圆各10次。

1 **冥想** 站在池边凝视池水，冥想在水中如何完成伸展和抓水动作（见16~19页），并实际完成相应动作。继续冥想自己在水中完成划臂周期的剩余动作并实际完成10个划臂动作周期。

仰泳

仰泳非常适合热身，能够很好地平衡肌肉群，因为它所用的肌肉是自由泳所用肌肉群的对抗肌（这些肌肉收缩时，它们对应的肌肉处于放松状态）。刚入水时进行仰泳也是一个很好的过渡：脸部露在水面，不用担心呼吸的问题。

身体在水面上平躺着，双手置于身体两侧。上下打腿，手臂抬出水面并与肩同宽地向后转动至头部上方，然后轻轻地放下手臂至水中（同时另一只手开始划臂），用力推水使手臂重新回到身体一侧。以稳定的节奏完成200~400米。

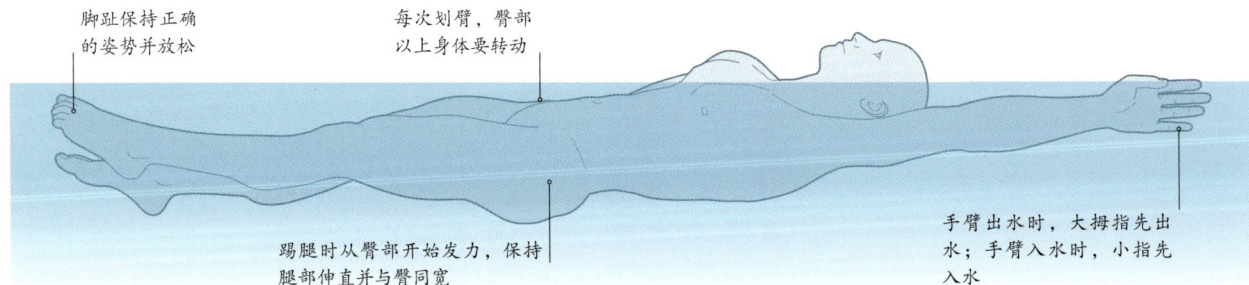

脚趾保持正确的姿势并放松

每次划臂，臀部以上身体要转动

踢腿时从臀部开始发力，保持腿部伸直并与臀同宽

手臂出水时，大拇指先出水；手臂入水时，小指先入水

移动手臂
要流畅

用左手触摸右边
腋窝

保持放松的站立
姿势

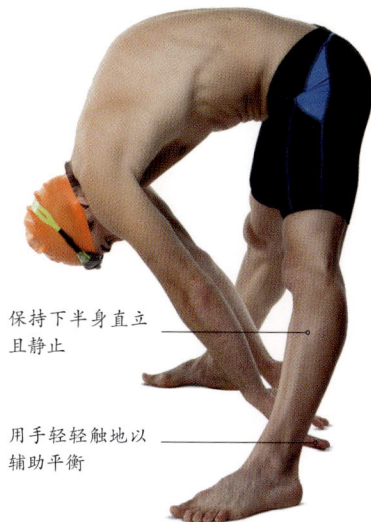

保持下半身直立
且静止

用手轻轻触地以
辅助平衡

3 水平摆臂 双手平举于身体两侧，保持手臂放松。水平摆动手臂至胸前交叉，环抱自己，让手指触及肩胛骨。重复该动作10次。

4 猴式伸展 双手置于身体两侧，右手向上摆动并掠过头部，使得手指能触摸到脊柱。与此同时，左手向上摆动触摸右边腋窝。重复该动作10次，然后交换手臂。

5 足肩摆臂 双腿分开站立，弯腰并摆动胳膊使其在双腿间划过，然后再从腿间划回并把腰竖直，回到初始位置。重复该动作10次。

桨式划水

桨式划水练习主要涉及双臂呈U字形前后运动划水。本练习可以很好地增加水性，并让胳膊的划水更加有效。

起初手臂置于身体前，脸部在水中。然后手肘稍微向两侧移动，其间保持手掌向下。前臂继续往下移动，使双手呈U字形，然后向后滑动。手肘要保持在肩部前方并微微弯曲。头部浮出水面，拉长身体前侧。打腿时从臀部开始发力，游4个50米，每个50米之间休息10秒钟。

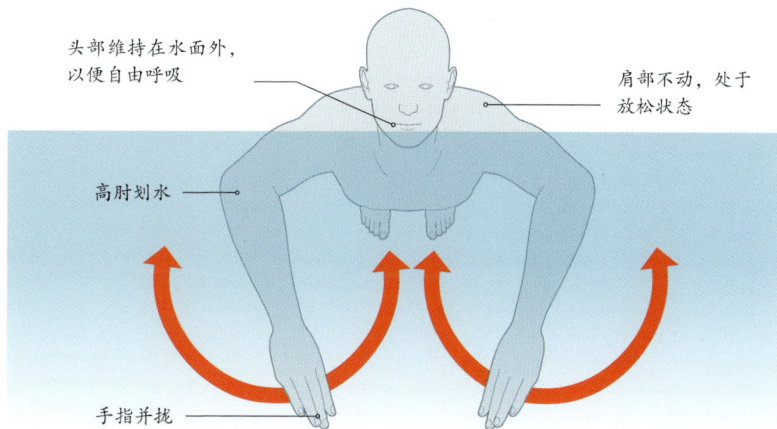

头部维持在水面外，
以便自由呼吸

肩部不动，处于
放松状态

高肘划水

手指并拢

游泳练习

一系列简单训练可以有效地提高划水技术和效率，增强身体平衡性和综合素质。简单训练一定要把速度抛到脑后，这样有助于掌握其技巧。这个阶段应专注于技术，速度在以后会自然而然地提高。

划水分解练习

这里的练习将让游泳者一步步了解自由泳划水的各个组成部分，直到可以成功完成一次完整的自由泳划水。评估自己的表现情况，重点关注自己的弱项，完成划水中每一步骤的训练。在没有掌握上一个训练内容之前，不要进行下一个训练。

01 头部转动练习

对高效划水来讲，好的换气技术与抓水技术一样重要。练习左右两边换气，使自己在游自由泳时可以做到这一点。

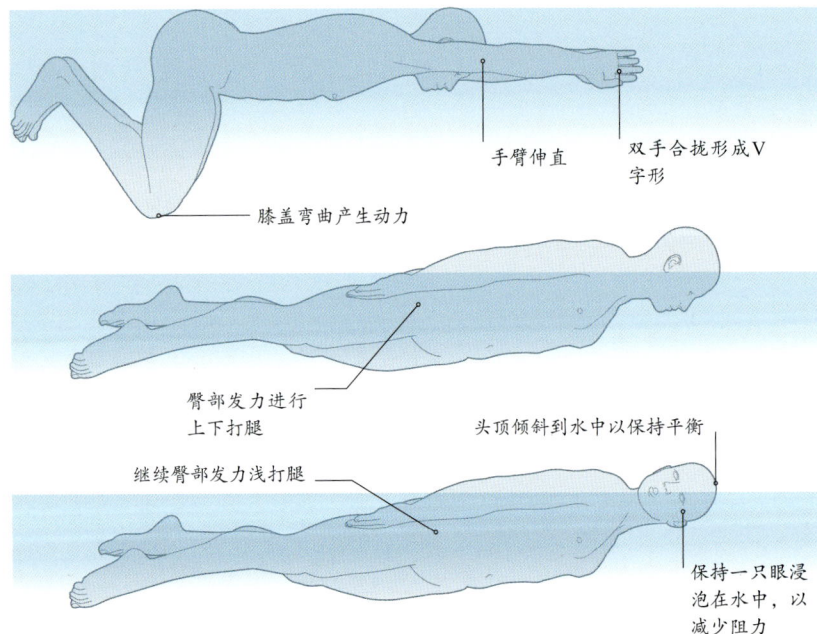

手臂伸直

双手合拢形成V字形

膝盖弯曲产生动力

臀部发力进行上下打腿

头顶倾斜到水中以保持平衡

继续臀部发力浅打腿

保持一只眼浸泡在水中，以减少阻力

工具箱: 脚蹼

脚蹼对游泳训练非常有用：它们可以增强游泳者的水性、保持身体流线型、加强腿部肌肉的力量。此外，脚蹼使得打腿更加有力，从而让游泳者可以专注于划水动作的其他方面。

> 要学会正确地换气，放松是关键。急着吸气只会打乱游泳的节奏。

1 深呼吸，把头完全浸没在水下。双脚蹬踩在身后的竖直壁面上，然后双腿用力蹬壁，同时手臂在身体前方保持伸直状态。该动作叫"鱼雷发射"。

2 上下打腿形成向前的推力，同时身体转向一侧。手臂自然向后放于身体两侧。打腿时节奏要放松。

3 转动头以便呼吸，头部倾斜让头顶浸入水中，然后头部归正并回到水中，并缓慢呼气。持续游25米，在必要时转动并倾斜头部进行呼吸，然后用另一侧换气，再游25米，随后两侧再各训练一次。

02 全身转动练习

本练习是为了让游泳者学会自由泳所采用的"打腿—转动"前进方式。在恰当的时间打腿，通过臀部来实现身体的转动。

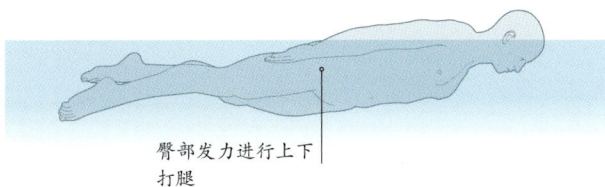

臀部发力进行上下打腿

1 进行"鱼雷发射"，在身体慢下来之前将双手置于身体两侧，然后开始上下打腿。在水中掌握好身体平衡，保持稳定的打腿节奏，记录每次向下打腿的次数，必要时换气。

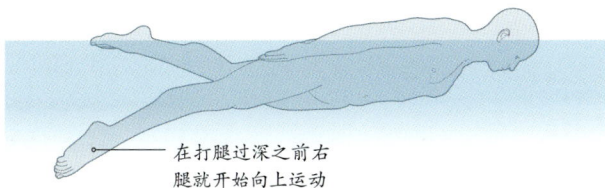

在打腿过深之前右腿就开始向上运动

2 6次打腿之后，左腿向下打腿的同时将臀部和肩部向左转动，从而带动整个身体转动。保持身体转向右侧打腿，必要时进行转头换气。

抬起右腿，做好打腿准备

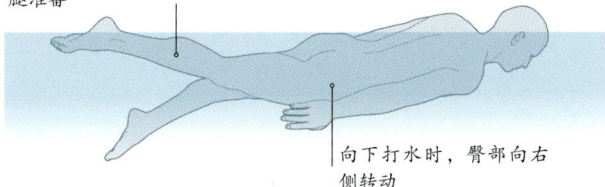

向下打水时，臀部向右侧转动

3 6次打腿之后，右腿向下打腿的同时将臀部和肩部向右转动，从而带动整个身体转动。在100米游进过程中每打腿6次进行一次转体。放松身体，必要时转动头部来呼吸。

03 移臂练习

一旦掌握了换气技术和身体转动技巧，就可以开始考虑手臂动作了。本练习的重点是移臂动作的正确性。

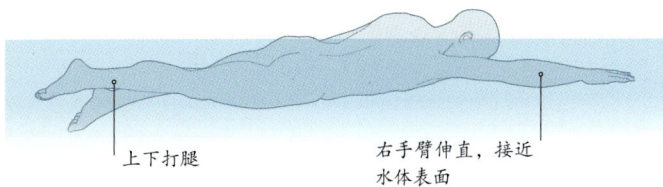

上下打腿

右手臂伸直，接近水体表面

1 进行"鱼雷发射"，将身体转到左侧，左手在身体一侧而右手在身体前方。眼睛注视前下方，保持放松的打腿节奏，必要时换气。

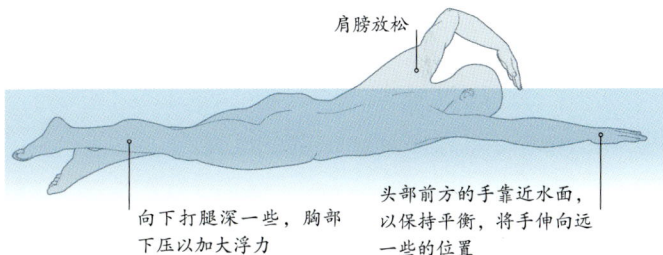

肩膀放松

向下打腿深一些，胸部下压以加大浮力

头部前方的手靠近水面，以保持平衡，将手伸向远一些的位置

2 将左臂移出水面，注意肘部最先出水。当手臂掠过头部时，前臂往下压，掌心对准水面。保持这一姿势停顿片刻，水中划臂回到体侧。

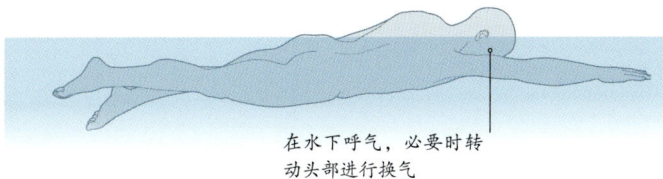

在水下呼气，必要时转动头部进行换气

3 每打6次腿进行一次左侧移臂后停顿，在25米游进过程中重复这一动作。放松身体，适时呼吸，换到右侧再进行这一练习，随后左右侧各分别进行25米练习。

04 抓水练习

在一个划臂周期（见18～19页）里，臀部转动时，身体前方的手臂需要抓水，以此来产生向前的推力。本练习可以让游泳者掌握正确的抓水技术。

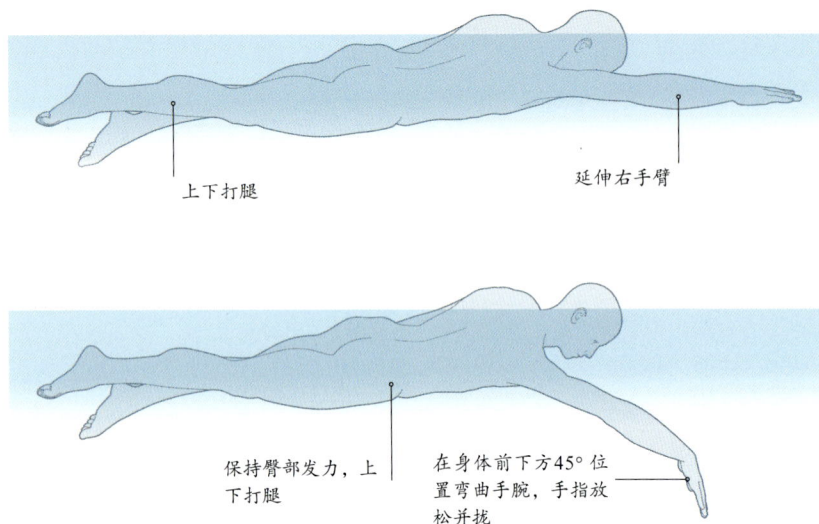

上下打腿　　　延伸右手臂

1 进行"鱼雷发射"，将身体转到左侧，左手在身体一侧而右手在身体前方。眼睛注视前方池底，上下打腿。

保持臀部发力，上下打腿　　在身体前下方45°位置弯曲手腕，手指放松并拢

2 手掌向下，手肘对向外侧，保持高肘划水（高于前臂和手）。然后进行抓水，一直到手臂移动到身体前下方。每次划水打腿6次，游进25米，必要时进行换气，然后换到左手练习。完成后两侧再分别进行25米划臂练习。

05 完整划水练习

这项练习实际上可以看作是最初的完整自由泳练习，它将游泳者所掌握的划水练习结合到一起，要求游泳者在完成手臂动作的同时关注每个分解动作的时间。

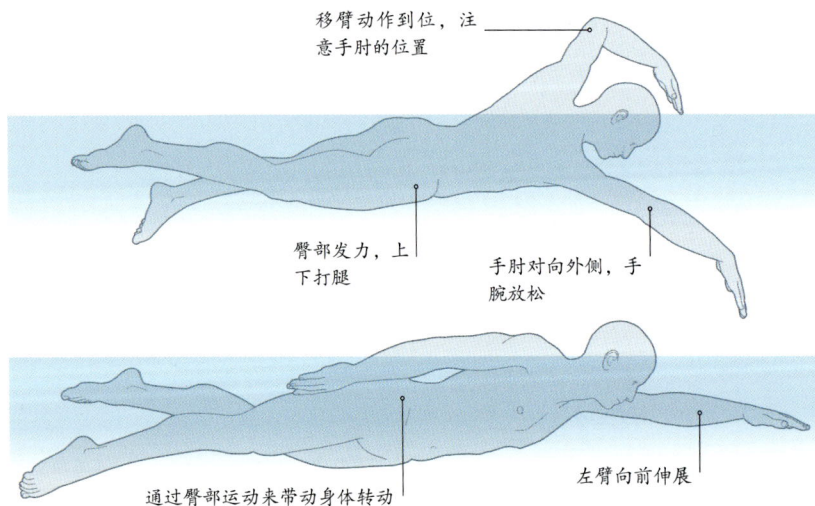

移臂动作到位，注意手肘的位置

臀部发力，上下打腿　　手肘对向外侧，手腕放松

1 进行"鱼雷发射"，将身体转到右侧，左手在身体一侧而右手在身体前方。眼睛注视下方，上下打腿，抬起左臂到起始位置，右臂立即抓水。两个手臂各完成一次划水后停顿一下。

通过臀部运动来带动身体转动　　左臂向前伸展

2 右腿向下打腿，右手向下压水，然后将手划至臀部。当身体转向左侧时，左手入水。打腿6次，进行右侧练习。游100米，重复左右手交替划水，每次划水打腿6次。

06 划水配合练习

基于前面的练习，这一练习强调划水过程的完整性，左右手交替划水，同时练习与换气的协调配合。

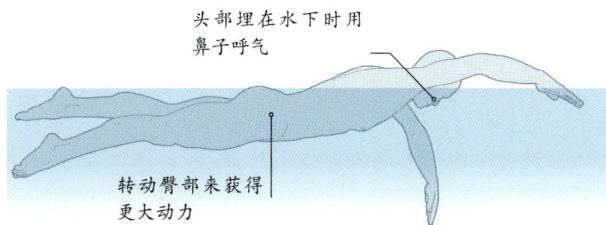

头部埋在水下时用鼻子呼气

转动臀部来获得更大动力

1 进行"鱼雷发射"，把它当作完整划水练习的开始。左手划水时右手在一侧，然后左手向后推水。左手完成整个划水过程后，在初始位置暂停，然后右手划水。

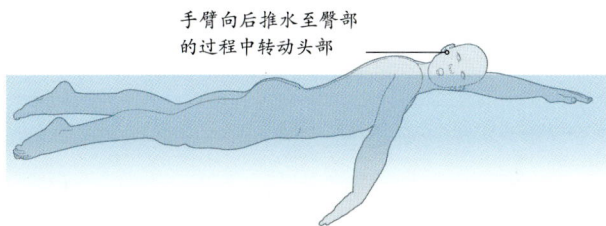

手臂向后推水至臀部的过程中转动头部

2 右手向后推水并移出水面时，转动并倾斜头部以便换气。每次划水打腿6次，游完100米。

08 七次划水练习

本练习紧接着上一个练习，只是增加了手臂划水的次数。一旦游泳者可以很流畅地完成七次划水练习，那就该学习游长距离了，这时的划水过程不需要停顿。

07 三次划水练习

两个手臂都掌握了划水技术之后，就该进行三次划水练习了。切记在正确的抓水和起始位置停顿。

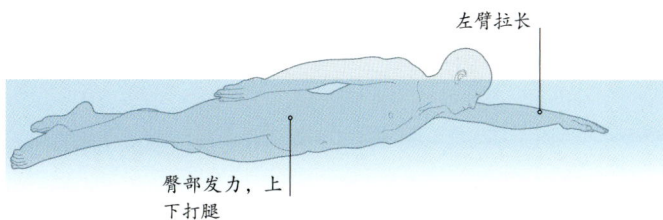

左臂拉长

臀部发力，上下打腿

1 进行"鱼雷发射"，把它当作完整划水练习的开始。左手划水时右手在一侧，然后左手向后推水。左手完成整个划水过程后，换右手，再换左手。

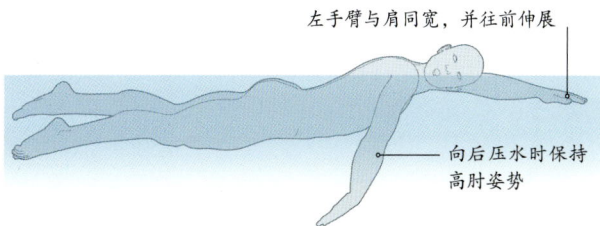

左手臂与肩同宽，并往前伸展

向后压水时保持高肘姿势

2 在第三次划水时，转动并倾斜头部以便换气，每次划水打腿6次，游完100米。

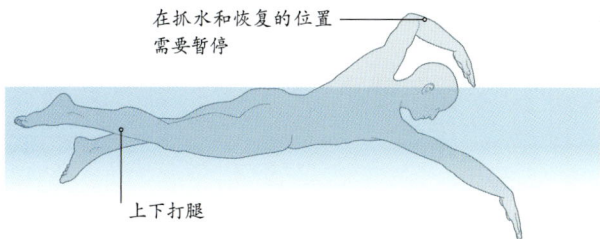

在抓水和恢复的位置需要暂停

上下打腿

1 重复前面的练习，本轮完成七次划水：每三次划水进行一次换气，每次划水打腿6次，游完100米。

课程安排

精英运动员每周在泳池中训练6~7次，每次游5000~8000米；初学者在游得更远更快之前，应该专注于技术的改进和效率的提高。下面给出了不同强度等级的训练内容，适用于不同健身水平和需求的游泳者。开始时每周训练3次，大多数训练都应该是强度水平1或2的训练，少部分训练涉及更高的运动强度。使用辅助泳具有助于提高游泳效率。

辅助泳具

可以在大腿之间夹一块浮板让下肢浮在水面，这样游泳者可以集中精力于手臂动作。小手蹼可以使抓水更加有效，大手蹼可以增加阻力，以达到增加臂力的效果。（脚蹼见22页）

训练分区1~5

1 轻松

这类训练是为了在暂停过程中体验抓水动作，不断强调其在划水过程中的重要性。

目标：最大心率的50%~60%。

主体练习：依次完成下述练习，每25米稍做休息。可以使用辅助泳具，使每次的休息时间尽量短。

- 稳定配速爬泳100米；
- 夹板划水练习100米；
- 手蹼划水练习100米；
- 同时使用浮板和手蹼的爬泳练习100米；
- 使用浮板并在脚踝绑上绷带，爬泳100米。

恢复方法：每游100米休息3~5分钟。

提高方法：相对前一周，每周多游100米。

益处：休闲式的轻松游便于游泳者专注于游泳技术。

2 有氧耐力（Tempo）

专注于游泳技术，并让划水更有节奏。

目标：最大心率的60%~70%。

主体练习：依次完成下述练习，然后再重复，直到游泳总距离达到1000米。可以使用辅助泳具，使每次的休息时间尽量短。

- 稳定配速爬泳200米；
- 同时使用浮板和手蹼的爬泳练习200米。

恢复方法：每游200米休息一会儿，同时戴上或取下泳具。

提高方法：在掌握了抓水技术的前提下，每周比前一周增加10%的量。掌握了完美的技术之后，你才有可能提高速度。

益处：佩戴辅助泳具进行练习，可以提高对水的感知能力。脚蹼和手蹼练习分别强化抓水和打腿的感觉，要在取下泳具之后继续保持这种感觉。

3 乳酸阈值

阈值强度训练是比赛强度的练习。游泳者在该强度下可以顺利地完成长距离游泳，但要注意：即便是累了，也要保证游泳动作到位。

目标：最大心率的70%~85%。

主体练习：选择以下项目中的一种：

- 以比赛强度完成200米的爬泳；
- 以比赛强度完成400米的爬泳。

恢复方法：每次被动恢复（休息）或主动恢复（仰泳）时，使用游泳练习一半的时间来恢复（比如，6分钟游泳，3分钟休息）。

提高方法：训练水平提升之后，可以让游泳距离加倍至2个200米或者2个400米，又或者减少恢复时间。

益处：了解自己的比赛配速水平，并知道如何分配体力是比赛成功的关键；开始速度太快往往会导致最终失败。

训练课样例

这个二区强度的样例涉及从热身开始的4部分内容。针对训练者的个人情况，训练内容可以适度调整。不要让自己在安逸的强度区间训练，但也不要让自己训练过度或受伤。当体能提高后，可以逐步增加游泳距离或时间。本书122～123页给出了一份基础期的每周训练课计划样本。

二区强度训练课	活动样例
热身	仰泳200～400米；作为爬泳的互补式泳姿，提升心率，保持注意力集中
主体训练前的科目	几个100米练习；加强水性，强化划水过程中的抓水和推水感觉
主体活动	完成2区强度的主体练习（见上），体能提高后可增加游泳距离和时间
整理放松	爬泳或仰泳200～400米；让身体放松，降低受伤风险

4 最大摄氧量

这是一种高强度的训练课，旨在提升你的最大摄氧量（速度保持在你能够最大限度消耗氧气的水平），这也是比赛时游泳初期的强度水平。好的开始以及恰当地过渡到稳定的强度，对整个比赛都非常有帮助。

目标： 最大心率的85%～96%。

主体练习： 爬泳100～150米，共6组，尽力游。

恢复方法： 刚开始本强度训练时，可以休息到自己感觉充分恢复后再开始下一组。适应后，使用和主体练习相同长度的时间用于恢复。

提高方法： 逐渐增加游泳组数，直到总距离与比赛中第一个浮漂的距离相当，或者以比赛配速来游泳，以模拟比赛时的情况。不要缩短恢复时间，这样会影响划水的动作。

益处： 如果进一步加大强度或更加努力，就会变成无氧运动（见160～161页），提升乳酸堆积的阈值（降低肌肉酸疼程度）。当恢复到比赛强度或其强度之下时，有助于排除乳酸。

5 最大输出

最大输出意味着最大速度，本强度的训练目的是聚焦于快速划水的质量，以增强冲刺能力和游泳水平。

目标： 最大心率的96%～100%。

主体练习： 以最大速度爬泳25～50米，共10组。

恢复方法： 每次使用两倍于主体练习的时间用于恢复（比如，20秒游泳，40秒休息）。

提高方法： 增加冲刺的距离，但冲刺距离不要超过150～200米；或者增加冲刺的组数。要留有足够的恢复时间，因为这样才能保证训练的有效性。

益处： 关注每次划水时的抓水过程，确保其正确性，这样可以使游泳效率最大化。速度加快时，休息臂的移动速度要加快，打腿的深度也稍微深一些。

针对第1～5区的生理和体能影响，见160～161页。

游泳能力评估

游泳是非负重项目，但你需要对抗水这种比空气致密1000倍的流体。如果能在开始之前就对自己的游泳能力有准确的评估，会让准备工作更加有效。

问答 | 如何开始？

在开始高强度的练习之前，最需要做的是做个全面体检。咨询医生，了解自己可能存在的疾病是否会对训练有所影响。即使一切正常，不同的体型和年龄也会对训练方法有不同的要求。

问答 | 最大的风险因素是什么？

需要格外关注血压和胆固醇水平，同时需要检查是否存在缺铁性贫血和糖尿病。如果血压过高，高强度训练会对动静脉血管造成损伤；而高胆固醇会阻碍血液流向心脏。铁能帮助血液为肌肉供养，因此是人体重要的矿物质。糖尿病虽不至于让人无法训练，但确实会影响到血糖水平的调节（见90~91页）。

问答 | 如何评估整体体能？

整体体能对游泳表现有很大的影响，个人可以做一些简单的体能测试来了解。首先，监测静息心率（见29页）并与158页的图表进行比对。静息心率是评估运动员整体体能的重要指标，也是进行运动的基础指标。其次，计算最大摄氧量。这是评价运动能力最传统的指标之一了，它计算的是运动员在最大运动强度下摄入的氧气体积（参见78~79页）。

问答 | 如何评估游泳体能？

游泳对关节冲击很小，体能因素的限制主要来自心率和耐力。测试了解自己的游泳体能才能基于正确的强度进行训练。每隔8~12周还需要重新评估一次。

400米测试

虽然可以在任意长度的泳池做这个测试，但25米的泳池最便于计算。总共要游16个这样的泳池长度。

准备工作

1 热身 如果想做好测试，这是必须做的工作（见20~21页）。

2 跳发 如果是初学者，可以考虑蹬壁出发。不管是哪种，每次测试时都坚持用这种方式。

3 游200米 逐渐提速到你的目标测试配速。注意在开始之前要充分休息。

4 游400米 按照你能维持的平均速度游进，这样才能提升耐力。

记录信息

● 游泳用时

最好邀请一个同伴来帮自己计时（每100米记录一次）。只有自己的时候，只需要记录总时间，或者每100米按一次GPS手表的分段计时键。

● 划臂次数

每100米计算一下自己每趟的划臂次数。

如何评分

完成这个测试，精英选手只需要不到4分30秒，而初学者可能需要8分钟甚至更久。不要用自己的比赛配速来游，而要用最大摄氧量时的配速，这样到最后会感觉很有挑战性。

测定静息心率

静息心率是在你没有用力的时候的心率；最好是在早晨起床之前就测。一般而言，静息心率越低，体能越好。

如果出现了脱水状况，心率通常会提高7.5%；同样，如果压力过大或是情绪激动，心率也会上升，变化范围或许能达到10%～20%。为了获得准确的心率测定结果，应保证自己处在充分补水、平静而放松的状态。

怎么做？

平躺着，在身边放一个手表或钟。找准脉搏后尽可能保持平静，记录每分钟的搏动次数。

评估训练强度：主观强度评分表

主观强度评分表可用于评估运动强度；在本书中，它与心率区间相对应（见下图）。主观强度评分表从1～10进行评分：1代表机体负荷最小；10代表最大强度。泳池中的轻松训练通常有3～4分，或是按最大心率的60%～70%进行。

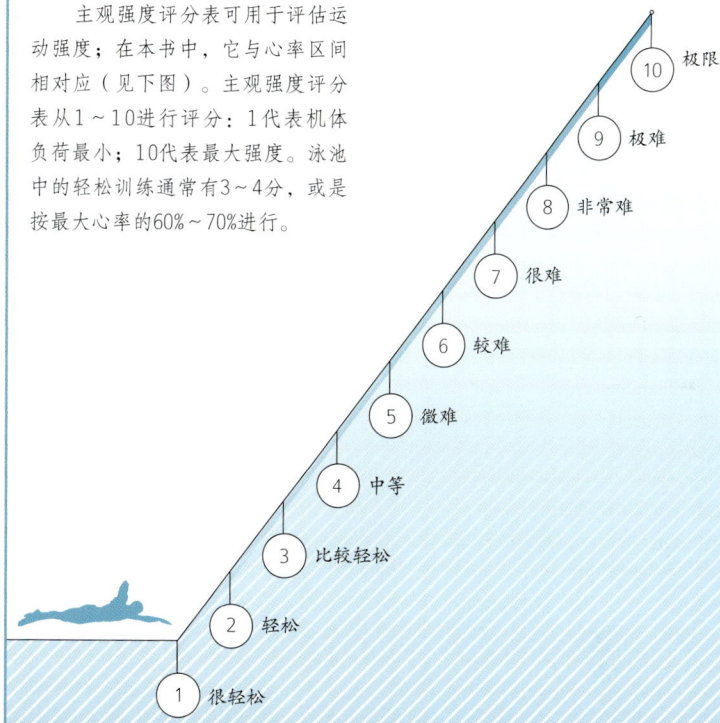

- 10 极限
- 9 极难
- 8 非常难
- 7 很难
- 6 较难
- 5 微难
- 4 中等
- 3 比较轻松
- 2 轻松
- 1 很轻松

计算运动心率和心率区间

心率是身体活动困难程度的指示剂。运动越剧烈，肌肉越需要氧气，心脏也就工作得越快，从而为身体提供氧气。不同强度的训练对应于不同的心率区间。

怎么做？

用220减去年龄估算自己的最大心率；然后，用这个数减去静息心率就得到了储备心率。根据储备心率，可以得到不同训练强度对应的心率区间。

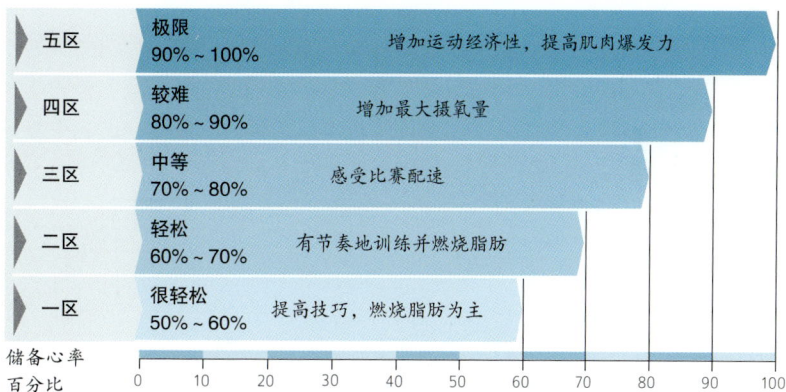

五区	极限 90%～100%	增加运动经济性，提高肌肉爆发力
四区	较难 80%～90%	增加最大摄氧量
三区	中等 70%～80%	感受比赛配速
二区	轻松 60%～70%	有节奏地训练并燃烧脂肪
一区	很轻松 50%～60%	提高技巧，燃烧脂肪为主

储备心率百分比 0 10 20 30 40 50 60 70 80 90 100

$$最大心率 = 220 - 年龄$$
$$运动心率 = 最大心率 - 静息心率$$

公共水域游泳

公共水域有波浪、有水流，还没有规定的泳道，在其中游泳的感受完全不同于泳池；因此要为之做好充分的准备。即使是精英选手，也会对此产生一丝畏惧，所以普通选手面对惊涛骇浪产生恐慌并不丢人。接受外界的事实，才能把注意力集中到自己可控的因素上，比如呼吸、定位等。通过不断练习和端正态度，可以积累经验，克服自己的恐惧心理。

> **"** 穿着合体的胶衣可以平均减少10%左右的心率,这对选手接下来的比赛有很大影响。**"**

成功要诀

定位

在公开水域游泳时需要定位，以便时刻观察自己的游进方向。当你向前前进，移臂前伸开始下一次划臂的时候，微微抬头，眼睛露出水面，以便观察前方目标。这个动作需要反复练习，并融入自己的划臂周期；一般每划臂3~6次就定位一次，以确保自己在正确路线上。如果对自己的划臂平衡性有信心，相信自己不会游歪，那么定位的频率可以低一些。

绕行浮漂

要坚守阵地，不被其他选手挤掉自己的位置：在前几场比赛当中，新手们通常会跟在队伍末尾或是游在人群外侧。这样会损失很多时间，但并没有任何系统的游泳技巧能帮助你挤在人群中绕行浮漂——你能做的也就是扬起头看，一路向前游。随着经验和信心的逐渐积累，你就越发能够把控自己在队伍前方的位置，强势地绕行浮漂向前游进。

跟游

紧随别人或紧贴着别人游是一门技术，平时需要多加练习。这一技术会提升你的游泳效果。其关键是要选一个水平略高过于你的人，你紧随其后，手前伸至其脚的位置。不要干扰对方的划臂或是碰到对方的脚，因此游进中保持速率稳定和警觉性非常重要。

在人群中游泳

● 无论是是室内还是在户外游泳，都要进行充分热身（见20~21页），这能帮助选手稳定心态，集中注意力，为比赛做好准备。
● 尊重其他对手，但不要轻易让出水中的位置。
● 相信自己，相信自己所做的训练，注意力放在保持正确的划臂动作上，必要时进行调整。
● 每划臂3~6次进行一次水中定位。

适应胶衣

穿着合身的胶衣（见32~33页）会感觉颈部和胸口紧实，甚至感觉被约束。应逐渐熟悉这种感觉，在正式比赛前就穿上它试试。胶衣虽然会使人浮得更高，但同时也会限制你的划臂动作，因此需要逐步适应：穿上胶衣进行游泳训练，学着在有胶衣的情况下保持平衡，完成划臂。

多练习拉开及合拢胶衣拉链的动作，这将有助于提高换项速度。

避免纷争

比赛中我们时常会被其他人包夹住，影响到自己的划臂和游进。为了摆脱这种情况，需要稍稍后撤，翻身从别人臀部和腿上翻滚出去。注意背贴别人臀部翻滚，避免被踢到肚子或被胳膊抡到。在此之后，继续按自己的节奏游。

专注自己

无论你准备得多好，总会有意外发生。比赛中很少会有故意的犯规行为，大多数情况下都是由于选手之间争夺空间导致。当意外发生时，不要纠结，专注于完成游泳和接下来的比赛。

干净利落结束游泳

当游泳离终点只剩下100米的时候，可以适当把腿打起来。这将促使血液更多地从上半身流向下肢，使得接下来的T1换项的跑步更加流畅。尽可能多地游——抱水时手指头碰到地面后划几下再起身。站起身马上跑向换项区，跑动中拉开胶衣拉链，抽出胳膊（见34~35页）。到达换项区后，只需要脱去胶衣的下半身部分就可以进行接下来的比赛了。

比赛服装

无论是穿铁人三项服还是胶衣参赛，合身最重要。了解国际铁联（ITU）关于胶衣使用的规定；其中，水温以及游泳比赛的环境都将影响到是否允许穿胶衣。整个比赛过程中，无论游泳、骑自行车，还是跑步，都可以只穿一件铁人三项服来完成，这会为选手节约宝贵的换项时间。

> **"** 水的传热比空气快25~40倍，因此务必确保自己在冷水中穿着得当，保温良好。**"**

问答 训练时穿什么合适？

如果温度适宜，就穿常规的泳衣训练。泳衣应当贴身，以避免额外的阻力（有些高水平选手训练时会特意穿着兜水的泳裤提高阻力来加强力量）。泳帽可以减小头发带来的阻力，同时也更加卫生。买泳镜时，应按压泳镜到眼窝，检查其贴合度；如果不加弹力带，泳镜很快就掉了，那将来肯定会漏水。

问答 在冷水中游泳穿什么合适？

如果在冷水中游泳，长袖胶衣会是最佳选择。胶衣的保温原理是通过留住皮肤表面的一层浅水来实现的。如果胶衣太松，水会不断进来，降低你的游速。对于新手而言，尽量穿那种浮力面板又大又厚的胶衣。在极冷的水中，可以在泳帽下戴一件温暖的氯丁橡胶泳帽。胶衣用完之后，用冷水清洗，平铺晾干。

问答 在温暖的水中游泳穿什么合适？

在温暖的水中游泳，可以选择薄的、没有浮力的压缩泳衣来替代胶衣；压缩泳衣绷紧人的身体，会减小水下阻力。如果是水温较高、不允许胶衣的比赛，你可以把铁人三项服穿在压缩泳衣里面，但不能有袖子包裹肩部，否则会被取消比赛资格。

问答 整个铁人三项比赛过程中我能穿什么？

铁人三项服是多用比赛服，适合铁人三项的每个阶段使用。可以快速排出皮肤表面水分的速干面料（见55页）是比较好的选择。铁人三项服有一体式和分体式两种，可以穿在胶衣下面进行长距离和冷水中的铁人三项比赛。

问答 我还需要什么？

全身涂抹防水的防晒霜（除了眼部）。女选手可以在里面穿运动内衣；应选择跑步时能够稳定、不累赘且速干的那种。穿胶衣之前，在脖子、手腕和脚踝处涂抹凡士林，这会大大减少胶衣与皮肤的摩擦，同时有利于快速脱去胶衣（见34~35页）。

全球定位系统（GPS）手表

GPS手表对铁人三项的各个环节都有用处。它可以记录选手的心率和速度，稍后上传到在线的训练日记当中。不同款式的手表其功能略有差异，可以用它来记录游泳的圈数和划臂次数；需要注意，不是所有款都支持公共水域游泳，买之前务必先查清楚。任何设备都有失灵的时候，此时你也得学会通过感受来监督训练（见29页）。

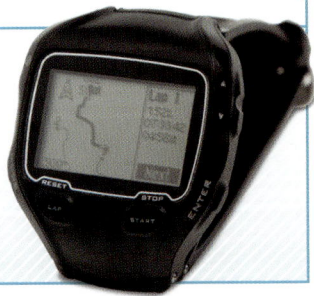

胶衣

　　胶衣要选择紧密合身、同时有足够拉伸度的款式，这样才能保证手臂和肩膀有良好的灵活度。厚胶衣能提供更大浮力，对于游泳高手而言却未必是最佳选择，反倒会让身体漂得太高。

泳帽
可以避免头发漂在前进路线上，减小水中阻力

颈部设计
确保颈部温暖舒适但又不勒

浮力垫
为选手提供更多浮力，有不同的尺寸和厚度

袖子
长袖胶衣最适合冷水游泳

手腕
确保袖口贴合紧密，避免手腕处进水

腿部设计
全长度胶衣能保护腿不被水草刮伤，不被水母蜇伤

小腿设计
末端在小腿中间的胶衣，适合快速脱去

铁人三项服

　　在整个比赛过程中穿一件铁人三项服可以节省宝贵的时间。铁人三项服要挑速干材质且有小片护垫的（见54页），这样可使骑行和跑步都更加舒适。

泳镜
公开水域游泳时佩戴有色眼镜可以减少阳光耀眼

面料
选择排湿面料的服装便于快速将汗液从体表传导出去

护垫
护垫会比常规的自行车护垫薄，这是因为厚实而潮湿的护垫会让快跑选手难受（短距离跑也是如此）

腿部设计
紧密贴合的收边设计非常重要，但不能选那种紧绷腿的样式，否则会造成血液循环不畅，并留下勒痕

第一换项（T1）

完美的换项来自好的规划。给自己的必需物资列一个清单，在每周的例行训练中加入游泳到骑车的转换练习。熟练掌握换项技巧能为你在比赛中节省大量的时间。

2

争夺名次的选手完成第一换项的时间约为2分钟。

1 赛前准备 在换项区转一转，找到"游泳出口"的位置，同时寻找便于在起水后迅速定位自己赛车的标志物。

2 出水 起水后，马上跑向第一换项区。由于腿部血液需求突然增大，你可能会感觉略微发晕。如果出现这种情况，就放松地走上一小段。

3 推起泳镜 把泳镜推到头顶，不要拿在手上，这样既方便你观察四周，又不会带来额外负担；跑动中拉开胶衣拉链；在禁止外界帮助的比赛中，要沉着冷静，一个人搞定这些事情。

7 脱胶衣，戴头盔 双脚互踩脱去胶衣，同时戴上头盔。比赛号码簿可以下水前穿在胶衣里面——如果没有的话，这会儿别上。对于没把锁鞋固定在脚踏上的选手，这时就该穿上锁鞋了。

8 取车出发 从车架上取下自己的赛车，推着车座跑向换项区的自行车出口（注意：在上车线之前骑车会招致罚时）。

9 上车 精英选手会采用"飞上"的方式，这种方式最有效，但是需要多加练习。新手可以考虑单脚踩踏行进中上车或是停车上车。

第一换项的准备

充分准备可以节约宝贵的换项时间。把需要的东西搁在车位旁边的一条毛巾上面，骑车和跑步的东西分开放；准备一瓶水用于清洗起水后脚上粘的灰尘。检查物品清单确保不落下任何东西。

物品检查清单

- 头盔
- 锁鞋（固定车上或放毛巾上）
- 橡皮筋（用于固定车上的锁鞋）
- 码表（预先归零校准）
- 号码簿
- 水壶（固定在车上）补给
- 太阳镜
- 跑鞋
- 换项毛巾

4 扒胶衣 在跑向T1换项区的同时脱下自己的胶衣。先脱掉手臂部分，然后把胶衣向下拉到髋部（泳镜和泳帽还放在头上，空出手来）。

5 找自行车 根据赛前的标志物找到自己的赛车，一边跑过去一边脱掉泳帽和泳镜。

6 车边工作 把泳帽和泳镜扔到组委会提供的筐内，没有的话就扔到车边地上。把胶衣向下拉到腿部最低位置。

10 踩车 如果锁鞋是提前绑在车上的，上车后马上就把脚放进去。如果不能马上穿进去，就先把速度蹬起来再穿鞋。要记住，速度和时间是第一位的。

11 保持速度 穿鞋的时候速度可能会有所下降，所以穿好一侧之后先踩几下把速度提起来再穿另一侧。如果T1换项区外就是一个上坡，那就先爬上去再穿鞋。

12 不要冒进 千万记住，上车后过于兴奋骑得太猛很可能将导致跑步时不得不停下来走；因此，要根据自己的比赛计划来执行。

自行车课堂

自行车

对于铁人三项的骑车环节，装备是很容易让人上瘾的。实际上，只要刻苦训练，在路况合适的情况下，谁都可以骑着一辆普通的自行车完成铁人三项比赛。在铁人三项比赛中，常见的两种车型包括公路车（大组车）和计时赛用车/铁人三项车。两者有着显著的区别，但也都有不少拥护者。

> **先三思后买车，任何一种车型都在某些方面有独特的优点，而错误的选择将会给你带来巨大的经济损失。**

公路车（大组车）

在任何一场分年龄组比赛中都能看到公路车，奥运距离比赛的专业选手也都用这种车。对于新手而言，公路车的造型提供了一种更为直立而舒适的坐姿以及比铁人三项车更好的可控性。公路车适宜于日常的公路和团队骑行，因为车手头部高高抬起，可以清楚地看清前方路况，双手紧靠刹车把，可以对未知的路面状况、其他车手以及交通情况做出快速反应。

≫ 当你水平提高时所需要升级的公路车装备

车手水平	初学者	进阶玩家	高级玩家
鞋	运动鞋	运动鞋或硬底鞋	自锁鞋配锁踏
脚踏	平底	踏脚套	自锁脚踏
气动把	不需要	不需要	加装气动把
比赛轮	常规轮子/训练轮	浅框轮	深框轮

头管
长度可调，保证车手舒适握把

上把
手握上把让车手坐姿较为正直

刹车把
集成的刹车控制系统保证车手快速反应

坐管
舒适的坐管角度通常为73°～74°

下把
下垂的车把保证车手可以采用低身位的姿势

上管
上管长度的设计使车手坐的位置更偏后

车轮
轻质辐条和浅轮框保证车手可以快速调整

坐姿对比

首先一点，骑公路车会比铁人三项车的坐姿更加舒适。铁人三项车的坐管角度更陡，车手坐得更靠前，体位也压得更低，这使得人车一体化的空气动力学效果更好。

头部抬起，视野更好，反应更快

坐姿正直，依靠上体肌肉支撑坐姿

头部下压，坐姿下倾，可以趴在气动把上休息，具有更好的空气动力学（气动）效果

低应力的坐姿有助于骑跑转换

公路车坐姿

铁人三项车坐姿

铁人三项车

铁人三项车着重强调空气动力学原理，为开放路面的非跟骑比赛（见52～53页）以及速度提升进行了优化设计。骑铁人三项车同样有助于铁人三项最后一项跑步的发挥——因为你在车上坐的位置更靠后，你在蹬踏时股四头肌用得更多，也就节省了跑步时更为依赖的腘绳肌的运动。

» 当你水平提高时所需要升级的铁人三项车装备

车手水平	初学者	进阶玩家	高级玩家
头盔	公路头盔	气动头盔	启动头盔/风镜
车轮	轻质轮或深框轮	前404后三叉戟	前808后封闭轮
其他装备	不需要	不需要	加装气动把

译者注：404和808都是Zipp生产的两款高端碳质车轮。

坐管
坐管角度通常为76°～78°，使得车手可以坐姿更靠前地蹬踏

气动把
车手的上臂放在气动把上面可以提高舒适性和气动性

指拨
气动把顶端的指拨齿轮让（握气动把的）车手可以快速调节变速

头管
更短的头管可以提供更有气动效果的骑行位置

上管
更短的上管设计使车手坐得更靠前

车轮
深框前轮和封闭后轮可以大幅减小空气阻力，提升速度

人车调节

根据自己的身体参数调节好自行车，这样会给你的骑行带来惊人的变化，通常称为人车调节或Fitting。初学者通过五个阶段的调节，最显著的收获就是骑行的舒适性，这同时也会提升功率和效率。理解这个原理是一方面，最终还是得找车店的技师来帮助你完成这些工作。

专业建议

这里提的建议是针对标准的公路车的。一辆铁人三项车需要一套完全不同的测量系统来提升空气动力学效果并最大化车手的舒适度、功率和效率。无论你用哪种车，车店的专家应该都能够提供帮助。

空气动力学原理

空气阻力在时速超过40公里时才会成为主要限制因素。精英选手会微微弯曲后背，使自己从气动头盔到臀部形成一个整体流线型的曲线，从而降低由体后气流分布造成的空气阻力。

降低阻力：更平稳的气流会带来更小的阻力（阻挡你前进的反向力量）

弯曲的表面：空气在弯曲的表面上流动更为顺畅

后封闭轮：很多精英选手都使用封闭轮来降低阻力

1 上管
当你决定选车的时候，直接跨到车上，确保上管高度比你的腹股沟低2.5厘米。

2 座高
为了选择正确的座位高度，坐到车座上，穿上你骑行所用的鞋，让前脚掌踩到脚踏上。当你的脚掌在6点钟位置（蹬踏的最低位置）时，你的膝盖应该略微弯曲。如果座位高度合适，你在蹬车时臀部就不会颤动。

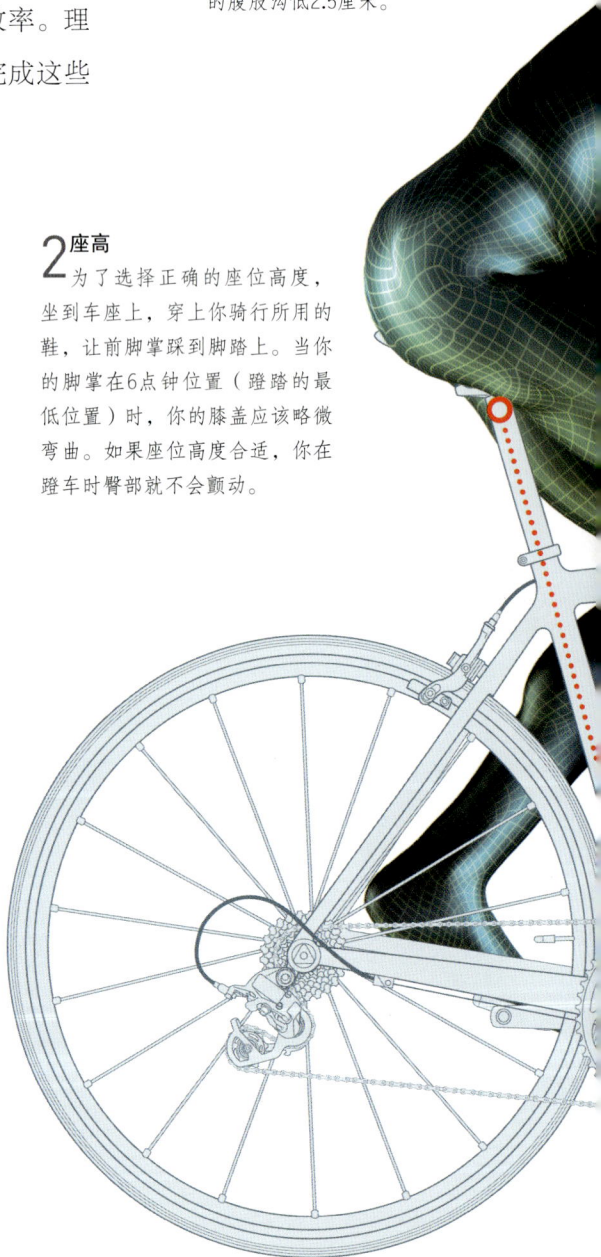

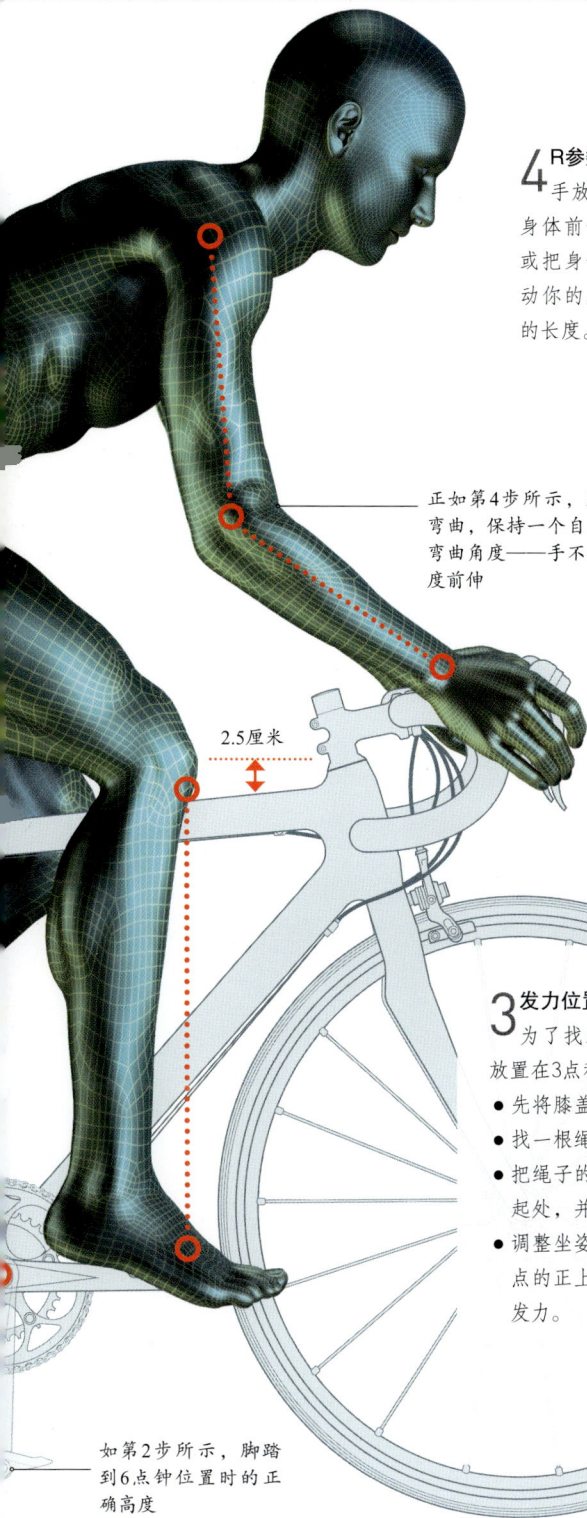

4 R参数

手放车把上方接近刹车处，身体前倾，但手不要前伸过度或把身体蜷起来。不要前后移动你的座位，应该调整车立管的长度。

正如第4步所示，肘部弯曲，保持一个自然的弯曲角度——手不要过度前伸

气动把调车

如果在公路车上加装了气动把，就需要在舒适性和气动性之间寻找一个平衡点。在精英选手的比赛当中，气动把的长度是不可以超过刹车把前端位置的。

5 握把

刹车把和车下把之间应该留有足够的距离来保证顺畅地刹车。如果女选手的手太小，可能需要重新调节整体构架。

2.5厘米

锁片调节

由于自锁系统会留有一点浮动空间（让你的锁片和脚踏之间进行相对位移），因此你必须始终把脚对着正前方。大脚趾的关节要对齐脚踏中心位置，因为这是最大蹬踏力的发力点。

3 发力位置

为了找到正确的坐立位置，将脚放置在3点和9点钟方向，然后：

● 先将膝盖与第二、第三脚趾对齐；
● 找一根绳子，一端系上小块重物；
● 把绳子的自由端贴到膝盖下方的凸起处，并让重物一端自然下垂；
● 调整坐姿，使得重物落到脚踏发力点的正上方，方便车手最大限度地发力。

锁片位置

传统的看法是锁片应该装在前脚掌位置，但很多新观点却认为锁片应该装在足中位置

如第2步所示，脚踏到6点钟位置时的正确高度

骑行剖析

　　骑自行车与游泳的不同之处在于是下半身提供身体前进的动力。每次蹬踏都由发力和惯性两个阶段构成。清楚地理解腿在这两个阶段中如何工作，有利于发挥最大的力量。

关键 »

　　骑行中调用的主要肌肉包括股四头肌、臀肌、臀屈肌、腘绳肌和腓肠肌。其中，股四头、臀肌和小腿肌承担了大部分工作，剩下的肌肉帮助协调完成蹬踏运动（见44~45页）。

- ● 股四头肌
- ● 臀肌
- ● 臀屈肌
- ● 腘绳肌
- ● 腓肠肌
- ● 比目鱼肌
- ● 胫骨前肌

发力阶段

　　骑行中的发力阶段是从蹬踏运动的顶部开始的：最开始主要由股四头肌发力，随着蹬踏进行至底端逐步转向臀肌和腓肠肌。学习如何利用全部可调动的肌肉有利于选手缓解疲劳，为跑步储备足够的能量。

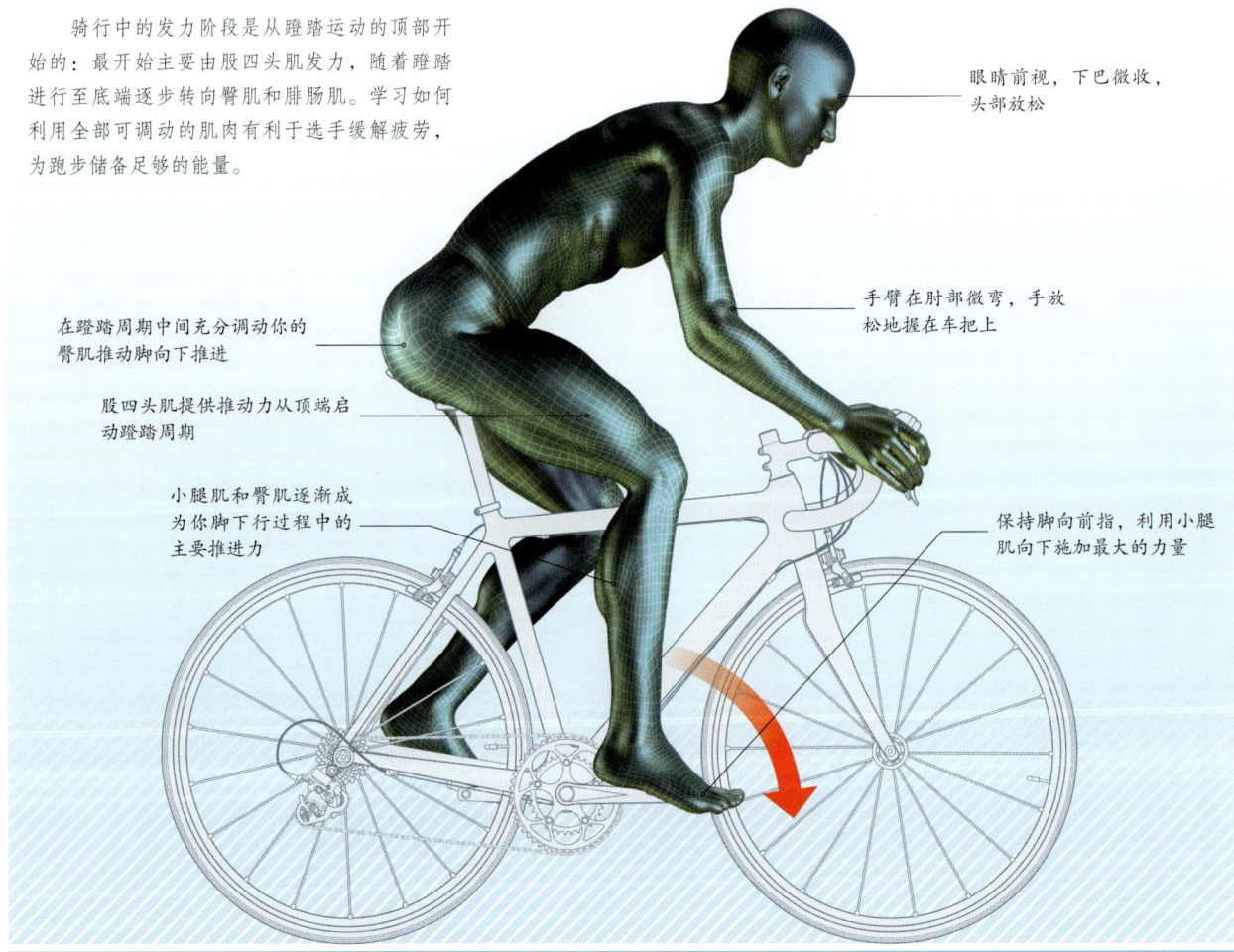

眼睛前视，下巴微收，头部放松

手臂在肘部微弯，手放松地握在车把上

在蹬踏周期中间充分调动你的臀肌推动脚向下推进

股四头肌提供推动力从顶端启动蹬踏周期

小腿肌和臀肌逐渐成为你脚下行过程中的主要推进力

保持脚向前指，利用小腿肌向下施加最大的力量

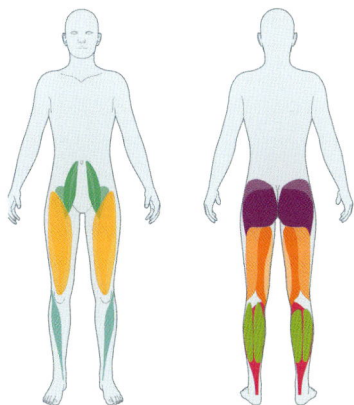

动力学链

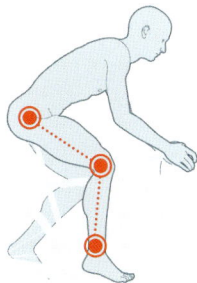

动力学链是指由肌肉、肌腱、韧带、关节、筋膜和神经系统构成的一个协同工作的系统，系统中的每个单元都依赖于下一个单元。从臀部到脚的动力学链在骑行中最为关键。当你蹬踏进入发力阶段时，动力学链中的任何薄弱环节——比如酸痛的膝盖——都会显著影响到你的蹬踏动作并限制你的功率输出，掌握良好的骑行技巧对于避免出现这些薄弱环节尤为重要。

惯性阶段

蹬踏周期的第二个阶段是惯性阶段。这时腿部大部分肌肉都处于放松休息阶段，而异侧腿处于发力阶段。为了保持惯性，休息侧腿要沿脚运动方向提拉发力，带动脚踏直至重新进入下一个发力阶段。

你的肩部和上身无论在哪个阶段都应当保持放松

在你蹬踏时，臀部需要保持水平稳定（如果臀部左右颤动，说明你的座位调得太高）

进入惯性阶段时，腘绳肌应当保持稳定蹬踏

脚随着脚踏完成蹬踏周期，这时运动惯性由异侧腿发力来保证

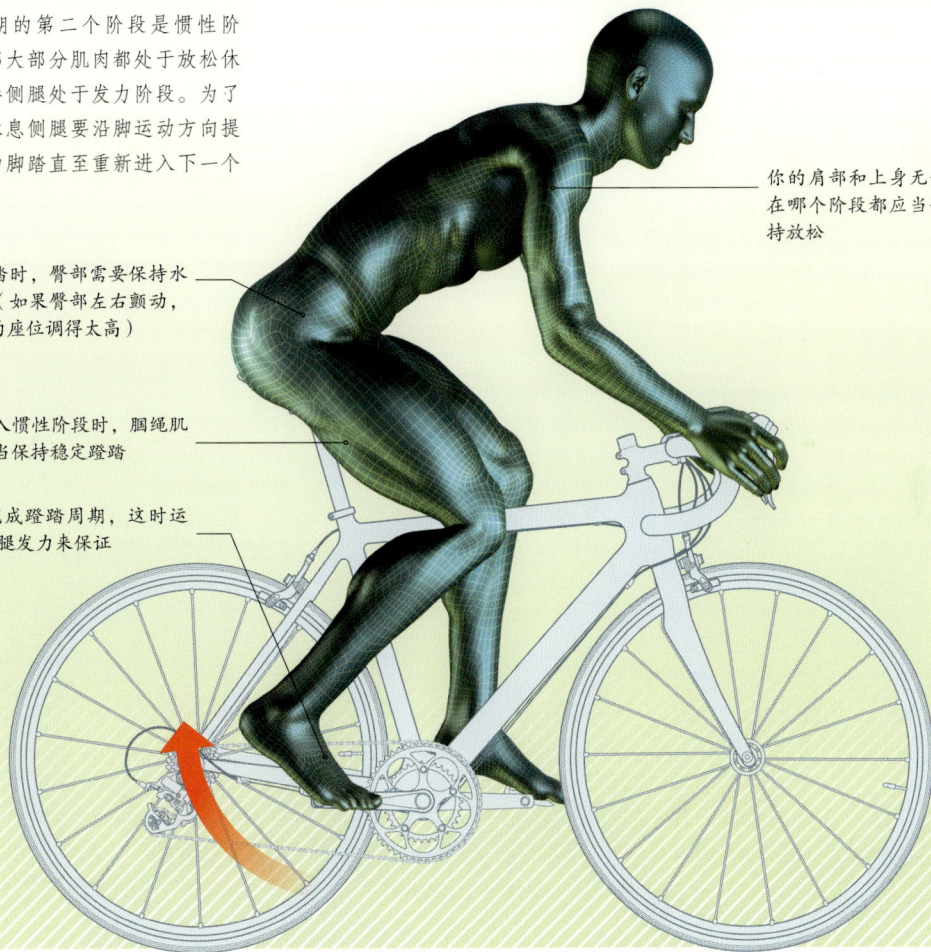

高效骑行

高效骑行最好的方式是想象整个转动周期维持一种流畅的蹬踏。和学习技巧一样，这也需要长时间的车上练习来实现。如果你熟练地掌握了正确的技巧，就会感觉这是很自然的行为。

蹬踏阶段

第42~43页的发力阶段和惯性阶段可以进一步细化成4个蹬踏阶段。下行蹬踏是发力最集中的阶段，但骑行效率则是由整体的转动过程决定的。

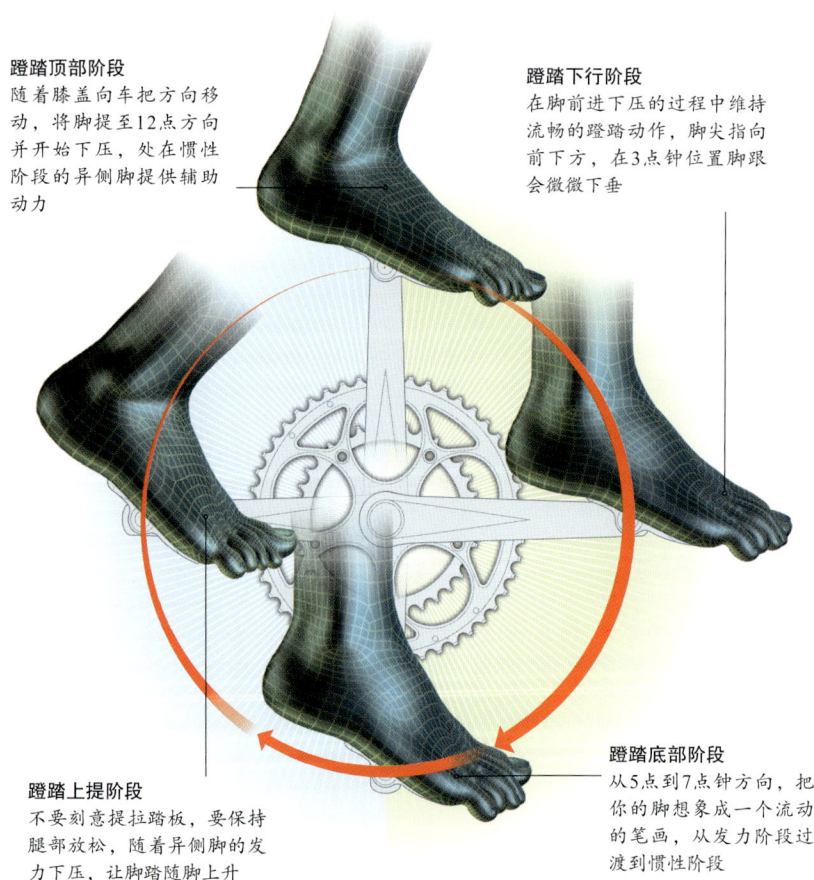

蹬踏顶部阶段
随着膝盖向车把方向移动，将脚提至12点方向并开始下压，处在惯性阶段的异侧脚提供辅助动力

蹬踏下行阶段
在脚前进下压的过程中维持流畅的蹬踏动作，脚尖指向前下方，在3点钟位置脚跟会微微下垂

蹬踏上提阶段
不要刻意提拉踏板，要保持腿部放松，随着异侧脚的发力下压，让脚踏随脚上升

蹬踏底部阶段
从5点到7点钟方向，把你的脚想象成一个流畅的笔画，从发力阶段过渡到惯性阶段

对准

当你高效蹬踏时，你的腿会像活塞一样上下移动，应保持膝盖与拇趾的上下对准，不带有显著的侧向移动。臀部保持水平静止，如果发生侧向颤动，那说明你的座位调得太高，这会影响你在发力阶段的脚部发力（见42页）。保持肩部放松，下巴微收，上肢微屈，手放松地握在车把上。

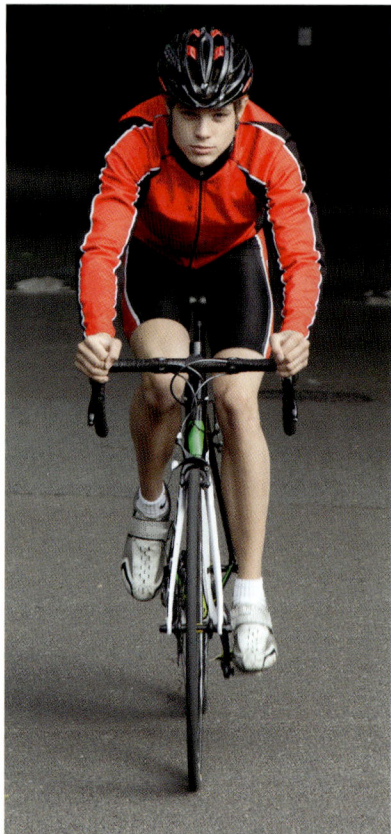

正视前方
高效骑行的车手看上去应该是自然放松的，没有多余的动作。在骑行中消耗的能量越少，留给跑步的能量就越多。

寻求正确的踏频

踏频是指蹬踏的频率，按每分钟蹬踏的次数来计算。很多铁人三项选手倾向于90~100区间内的高踏频，而另一些选手则低得多。使用低齿比蹬起来比较容易，但你就需要提高踏频来保持同样的速度了。同样，高齿比让你在较低的踏频下达到相同的结果，但同时也需要使用更大的力量。

● 如果你刚刚学习骑行，那就先从90~100踏频的流畅蹬踏开始（见46~47页），然后切换到55~75的踏频，看看你更喜欢哪一种方式。
● 自己试验一下采用不同踏频骑行并换项跑步之后的腿部感受。
● 找出你最合适的踏频，找到你在不同的线路上维持这一踏频所需要的齿比。

90

铁人三项选手最常见的踏频约为90转/分。

过弯

出色的过弯在于保持较快速度通过弯道拐角。图中所示的身体倾斜方法可用于高速通过平滑弯道。同时，也需要学习在低速、急弯、路面有水的情况驾驭车子的方法。

保持头部正直，目光注视前方道路

身体重心

保持膝盖接近上管位置，控制中心在车子上方

内侧腿抬起避免碰触到路缘

如果弯道不适合蹬车，就保持外侧腿下伸，直至出弯

" 骑行不要超过路中间的白线。比赛中，过线有可能导致你受处罚退赛。"

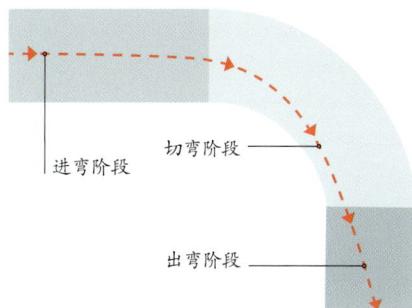

进弯阶段　切弯阶段　出弯阶段

观察你的空间
在路上骑行时，考虑下自己所占用的道路空间；适当调整过弯线路，以便给其他路人留出足够空间。

1 接近弯道
通过拐角或环形交叉路口时，保持头部抬起，目光快速锁定弯道及远端。必要时要适当减速，选择适合自己出弯的齿比来避免急刹车、变化齿比分散注意力造成的危险。

2 进入弯道
以自己能接受的速度进入弯道。目光继续锁定弯道及远端，找到切线过弯道的走法；当然，有坑洼或其他异物的时候走线要做出调整。

3 通过弯道
以右拐弯为例，确保你的外侧（左）脚压低到6点钟位置来控制车子稳定，内测（右）脚抬到12点钟位置。将体重落于车子上方，使车子斜着进入弯道。

4 离开弯道
骑出弯道后，拉直车子加起速度，继续保持头部正直骑行。如果已经调好出弯的合适齿比，就可以离开车座站起来踩自行车，迅速恢复比赛节奏。

骑行练习

　　成为自行车手的最好方式就是尽量多地出门进行长距离骑行，在健身房里使用固定或滚筒式骑行台练习也同样能够提高你的骑行技术。同时，记得使用踏频计数器记录你的踏频数。

01 固定台单腿练习

　　这一练习会帮助你完成流畅的蹬踏动作，消除蹬踏过程中出现的咯噔声。建议从低齿比开始练习。

将非蹬踏腿扣在骑行台后方，远离车轮

保持后背伸直，调动躯干力量

1 当你在固定骑行台上安置好车子之后，双腿轻松蹬车5～10分钟作为热身，然后卸掉右脚锁鞋，扣在骑行台后方。

2 左腿以90～95转/分的踏频踩30秒，保持动作流畅。如果你能听到咯噔声，试着在冲程顶端位置抬膝。之后双腿踩踏30秒，再换到右侧单腿练习30秒。每组训练中重复以上练习10遍。

02 固定台无链条练习

　　去除链条可以帮助你改善顶端踩踏的技术，提升整个动作的流畅性。

将链条移除，搭在盘片内侧

2 以50～60转/分的踏频骑行，直到腿部疲劳为止，这一过程需要20～40秒；之后切换到另一侧腿，重复该练习。

调动躯干力量

1 小心地从盘片上移除链条，将右脚锁鞋从脚踏上卸去，扣在骑行台后方。保持55～60转/分的低踏频。

03 固定台升踏频练习

一旦你熟练掌握了单腿练习，马上换回到双腿骑行。这是一项帮你平滑蹬踏动作、发展骑行"神经通道"的简单练习。

保持后背伸直

以中等齿比和稳健的速度热身，逐渐把踏频提高到95转/分，每个踏频保持1分钟，再逐渐提高到100转/分、105转/分、110转/分、115转/分，乃至120转/分，每个踏频保持一分钟。保持踩踏流畅，如果在高频下出现颠簸，试着放松你的股四头肌。完成了一组练习后进行5分钟的轻松骑行，然后反向进行前面的踏频练习：120转/分→115转/分→110转/分→105转/分→100转/分→95转/分。

超高频练习

超高频练习可以帮助你练习高速踏频下的骑行效率。这既可以在固定台上练习，也可以在滚筒上练习。如果使用滚筒，先确保自己的稳定性没问题——因为这一练习会加剧你骑行的颠簸和不平衡性。按照以下踏频各练习1分钟，当然你也可以根据个人特点尽可能踩得更快。

105转/分→110转/分→115转/分→120转/分→125转/分→130转/分

之后正常骑行5分钟，然后再做逐渐降低踏频的练习。

04 滚筒练习

滚筒式骑行台是练习车技的另一项好设备，但上手会比较难，所以开始的时候可以分多次完成。可以将滚筒放置在一面墙和一块地毯之间；也可以放在门口，这样你可以倚着门框；当然也可以找个朋友帮你扶住车架。

进阶练习

一旦掌握好了平衡，试着一个手握把骑行，再改成双手脱把骑行；然后再练习手握把的单腿练习和升踏频练习。

单手扶住墙或门框

第一只脚踩到底部，然后上锁

和路骑一样，眼睛正视前方

双手放松握住车把

1 将自行车竖直放在滚筒上，把齿比调到简单的一挡。先扣上一只脚的锁，扶着墙或门框跨到车座上去，车身倾斜保持平衡，再把另一只脚的锁扣上。

2 在你感觉稳妥之后，将扶墙或门框的手移到车把上，然后以高踏频（90~95转/分）骑行，保持60秒后，休息一下。此后逐渐提高你每次保持骑行的时间。

自行车训练课

应根据一年中的不同时间段以及你的目标来安排训练课。下面列出了5级训练强度供选择。你的大部分训练课应该在第1区和第2区，辅以少量的高强度训练课以提高你的比赛表现。着力于技术环节将有利于提高效率，而下功夫拓展运动能力将带来速度和功率的提升——两者都会有利于你缩减三项比赛中的骑行用时，并有利于保留腿部的力量用作跑步。

自行车热身

如果是一次第1级或第2级强度的放松骑行，热身时可以简单地稳定骑行10～20分钟，缓慢加速；对于第3～5级的骑行训练课，你需要实施一套完整的热身活动：

- 5分钟轻松骑（低齿比）；
- 5分钟逐渐增加到比赛配速骑；
- 5×15秒的95%最大强度高齿比冲刺骑练习（需要离开座位站起身来），组间45秒轻松骑；
- 5～10分钟轻松骑。

训练分区1~5

1 轻松

这类训练课是为了在车上累积时间并提高你在长距离慢速练习（LSD）中的脂肪利用效率（详见90～91页）。

目标： 按照阈值功率（简称FTP，是指1小时所能维持的最大功率；详见50～51页）的56%～70%或最大心率的50%～60%骑行，使用你舒服的踏频。

主体练习： 使用以下的一种。

- 90分钟以上；
- 骑6个小时，这需要逐步加量。

恢复方法： 洗热水澡或热水浴。

提高方法： 从稳定骑行90分钟开始。每次增加10%的距离，直至达到目标，比如100公里。

益处： 培养耐力，尤其是长距离骑行的精神耐力，当然也有之前谈到的身体耐力。

2 有氧耐力（Tempo）

与游泳一样，这一层次的练习会给骑行带来一些节奏感，踏频与比赛类似。踏频练习同样也可以作为力量练习——以低踏频高齿比骑上山坡。

目标： 按照阈值功率的68%～78%或是最大心率的60%～70%骑行。

主体练习： 选择以下项目中的一种。

- 6×5分钟，踏频55，组间5分钟轻松骑行；
- 3×10分钟，踏频65，组间8分钟轻松骑行；
- 1×20分钟，踏频75，组间10分钟轻松骑行。

恢复方法： 几分钟或更长时间的高速骑行（95～105转/分），充分放松腿部。

提高方法： 努力提高阻力或增加每组的时间长度。

益处： 增加骑行功率和踩踏流畅性。

3 乳酸阈值

作为比赛强度的练习，应按照个人的比赛踏频亦即最高效和可持续的踏频进行。

目标： 按照阈值功率的95%～100%或最大心率的70%～85%骑行。

主体练习： 选择以下项目中的一种。

- 4×10分钟比赛踏频（如90～100转/分），组间5分钟轻松骑行；
- 2×20分钟，踏频90～100转/分，组间10分钟轻松骑行；
- 比赛距离：热身，然后骑行30分钟（约20公里）或60分钟（约40公里）计时赛（计时赛是指在特定时间内尽力骑行）。

恢复方法： 使用主体练习一半的时间用于放松。

提高方法： 缩短组间恢复时间或增加每组练习的时间。

益处： 提升比赛配速能力，增加疼痛忍耐力。

训练课样例

　　这个第2区强度的样例会告诉你如何根据你的主体内容安排全部训练。页面下方提供了，一系列训练项目，从其中选择一个，每次增加10%直至可以完成所有的项目。要把重心放在关键环节，力求每周完成3种不同的自行车训练课。122～123页就给出了一个基础期的每周训练课计划样本。

2级强度训练课	活动样例
热身	轻松齿比稳定骑行10～20分钟；让心率逐渐上升，注意力集中
主体活动前的训练科目	大齿比增加踏频：30秒左腿30秒右腿轮换10次（室外或固定式骑行台）
主体活动	6×5分钟的55转/分高齿比骑行，逐渐增加强度，组间5分钟放松骑行
整理放松	5分钟的轻松骑行：在一次有氧耐力骑行之后逐渐慢下来，以降低受伤风险

4 最大摄氧量

这是一种高强度的训练课，旨在提升你的最大摄氧量（速度保持在你能够最大限度消耗氧气的水平）。

目标： 按照阈值功率的100%～103%或最大心率的85%～96%骑行。

主体练习： 选择以下项目中的一种：

● 3×6分钟比赛踏频全力骑行，组间6分钟轻松骑行；

● 爬坡：找一个坡度在6%～12%的路线骑行1～3分钟，组间进行3～6分钟略低于阈值功率的骑行。

恢复方法： 使用和主体练习相同长度的时间用于放松。

提高方法： 当你水平提高时，更加尽力或是进一步缩短组间休息时间。

益处： 提升你的最大摄氧能力，同时依靠快速排除发力肌群的乳酸提升短冲和爬坡后的恢复能力。

5 最大输出

这是让心率水平达到最高的一种高强度练习。

目标： 按照阈值功率的103%～180%或最大心率的96%～100%骑行。

主体练习： 首先你得充分热身（见48页上方的"自行车热身"），再进行以下项目练习。

● 15～20×30秒短冲；

● 6×3分钟阈值骑行，然后离座站立式短冲40秒；

● 阈值强度爬坡，然后离座站立式短冲10秒。

组间充分休息恢复。

恢复方法： 休息满48小时之后再做强度练习。

提高方法： 增加阻力或重复次数。

益处： 提升你的骑行经济性和力量，同时增强快肌的调动能力（见160页）。

针对第1～5级的生理和体能影响，见160～161页。

自行车骑行能力评估

自行车骑行受到一系列因素的影响，从天气到路况，都会使你比预计耗费更多的能量，以至于没有力气继续完成好后一项的跑步；因此，合理评估你的自行车骑行能力非常需要。你可以找专业医师咨询并进行本书28～29页介绍的测试。

问答 哪些是可变因素？

自行车骑行是一项对抗阻力的运动；如果你在户外骑行，这个阻力就是不断变化的。小的爬坡、粗糙或平滑的地面、不时袭来的强风以及"伪平路"（一些看似平坦实则有坡度的路段），都会影响到你的主观运动强度（详见29页），并且会使你对自我的评估产生错误判断。

问答 怎样才能检测我的运动强度？

可以使用功率计：功率计是一种连接到自行车曲柄（或其他传动部位）上的电子测量设备，可以测定你施加到脚踏上的力（力矩），并给出你的实时强度数据，通常反映为功率（单位：瓦特）。功率计相对于心率计的最大优点就是没有延时。比方说，在一个伪平路上，你的心率可能已经被提高了20次/分，但你要过几分钟之后才能在心率计上看到这个结果。

当然，你也可以安排健身房的课程，使用那里的功率测试仪来测试你的功率输出。

问答 骑行中的速度数据重不重要？

对于铁人三项的骑行而言，功率比速度重要得多。这是因为，假如你预定的比赛配速是30公里/小时，但你遭遇了时速10公里的逆风，你如果不慢下来，就一定会消耗更多的能量，并导致你在跑步阶段发挥失常，甚至需要停下来走路。

问答 我应该在哪里做自行车骑行能力测试

你需要找一个没有交通或路障干扰的路线，保证其尽可能平坦，因为下坡会导致你踩空，从而失去测试准确性。你需要找一段宁静没有外界干扰的路段来保证最大限度地集中精力骑行。或者，你也可以去健身房里的骑行机器上做测试。每8～12周重复一遍这里提到的每项测试。

进行FTP测试

功能性阈值功率（简称FTP）测试是你能够维持1小时的最大平均功率。通常，你的FTP越高，你就越强。因为骑自行车是在不同环境下的耐力体现，FTP也就成为衡量健康水平的最佳方法。但是，如果花整整一个小时来完成操作难度会比较大，标准的方法是通过一个20分钟的骑行测试。

如何操作

1 热身 在测试前进行热身（见48页）。

2 校准 无论是你用自己的功率计还是用健身房的功率计，都要在热身之后清零校准一下，保证接下来收集的都是你计时赛的数据。

3 骑20分钟 计时赛是指始终保持一个稳定的最大配速，于是你需要充分热身来保证能够迅速达到合适的配速并保持这个速度。如果选择了合适的配速，你在结束的时候应该还有一点儿剩余的力量来加力20～30秒。最好是能有人在旁边照看你，以便你结束艰苦的测试之后得到适当照料。

4 放松 让朋友帮你记录下你刚刚骑行的数据，因为你有可能已经筋疲力尽。如果你只有自己一个人，务必按下电子设备的"保存"键。

记录信息

只要你按下了"保存"键，以下数据都会被自动保存下来。不过你最好是先做一个简单的测试。

● **平均输出功率** 从你的功率计或健身房单车上读出的数值（单位：瓦）。

● **归一化平均功率（NP）** 骑行过程中你的输出并不是均匀的，通过归一化平均功率可以更有效地反映你的骑行平均功率。

- **平均踏频** 踏频是指每分钟踏板转动的次数，是一种很有用、很客观的测量数据（详见44~45页）。健身房的单车也可以自动记录。训练的时候你就可以感觉到什么样的踏频更适合你的风格；在计时赛过程中记录下来踏频是有好处的，因为这可以作为你比赛踏频的一个重要依据。

- **平均速度** 尽管速度也是骑行的真实数据，你还需要记录下户外骑行的各种条件，下次你做FTP测试的时候也需要找相似的条件进行测试。

- **平均心率（HR）** 每次测试的时候这个参数应该是差不多的；与此同时，你可以看到其他测量参数在逐步改善。通常你在计时赛中达不到你的最大心率，但你也会非常接近它了。

测试功能性阈值功率

把功率计或健身房单车上20分钟测试的平均功率乘以0.95，就是你的FTP值。如果你平均输出了300W，那你的FTP就是300×0.95=285W。

如何评价你的水平

先将你的FTP值同网上给出的骑行功率参考图做对比，再结合你的个人资料设定目标，寻求进步。

16公里计时赛

这是一个简单的测试：应尽可能快地骑完16公里，这样得到的结果不如FTP测试精确，因为你的时间会受到外界天气因素的影响。但如果你每次都在相同的天气条件下骑相同的路线，依旧可以把这个时间作为考察依据。

需要记录的内容

- 16公里的骑行时间；
- 平均心率和最大心率；
- 平均踏频和平均速度。

如何评价你的水平

顶尖的车手可以在20分钟内骑完20公里；大部分的初学者则需要超过30分钟。

了解你的功率体重比

使用健身房单车或自己的功率计来计算你的体重对骑行的影响（因为重的人需要更高的功率来驱动）。你的功率体重比越高，你的水平就越高，尤其是在起伏路线和山坡赛段。

称出你的重量 — **骑行20分钟** — **瓦数除以体重**

以千克为单位 — 全力骑行并记录你的最大平均功率 — 以千克为单位

例如：体重75千克并且可以保持423瓦的平均功率骑行20分钟，那功率体重比就是423÷75，即6.64W/kg。这样高的一个数值就可以排到"职业车手"行列。广大读者的功率体重比通常没这么吓人，尤其是对于初学者。

功率计的表头被固定在自行车的把手或头管上面。这个表头可以实时反映你在FTP测试中所处的强度区间（详见48~49页）。

公路骑行

公路骑行（真实路况骑行）可以帮助你学会在不同的天气条件下掌控你的单车。在开放的公路上骑行与在专用骑行路线上骑行是有一定区别的。

无论你是团队骑行还是单独骑行，安全都是第一要务，一定要让自己容易被司机看到。无论天气如何，你都能体验不一样的自然风光。

团队骑行

● 当你参与团队骑行的时候，首先要熟悉各种手势，包括停车、减速、路边停车以及地面坑洞。
● 带上你所需要的全部东西，不要寄希望于队友。
● 尊重所有的道路使用者，与你前后的自行车保持队形。
● 使用正确的齿轮比。

成功要诀

自给自足

无论是组队还是自己骑，你应该随时携带以下物资：
● 补胎工具包（2个内胎，撬胎棒，小型打气筒或是气瓶）；
● 饮品（装在车架上的2个水瓶里）；
● 手机（带防水套）；
● 钱或银行卡；
● 补给品；
● 雨衣（即使是艳阳天）；
● 太阳镜（透明或有色）。

将以上物件分开放置在你骑行服的各个口袋里，记得中间口袋只放雨衣，不放坚硬的物品，这样可以在出现意外的时候保护你的脊柱不受损伤。为了确保自己的可见性高，记得穿着鲜艳的衣服。

良好天气的骑行

大晴天也是道路最繁忙的时候。无论如何，你都需要保持警惕，并在路骑过程中保持良好的感知力——及时补水，在身体暴露部分涂抹防晒霜，带上应急照明和雨衣，以防不测风云。如果路面湿滑，你需要稍微降低胎压（到80~90psi附近）以保证车胎的抓地力。更多地使用你的后刹车而非前刹车来操控你的车辆。（译者注：此说法存在较大争议。）

恶劣天气的骑行

当天气条件变得恶劣或是不可预知的时候（冰、雪、雷阵雨、冰雹、狂风等），最好就在室内的骑行台或滚筒上练习；前者与自行车固定连接，后者不固定，因而需要车手掌控车辆平衡。在公路骑行难以实现的时候，山地车是个不错的选择，它还能够提高你整体的控车技能。

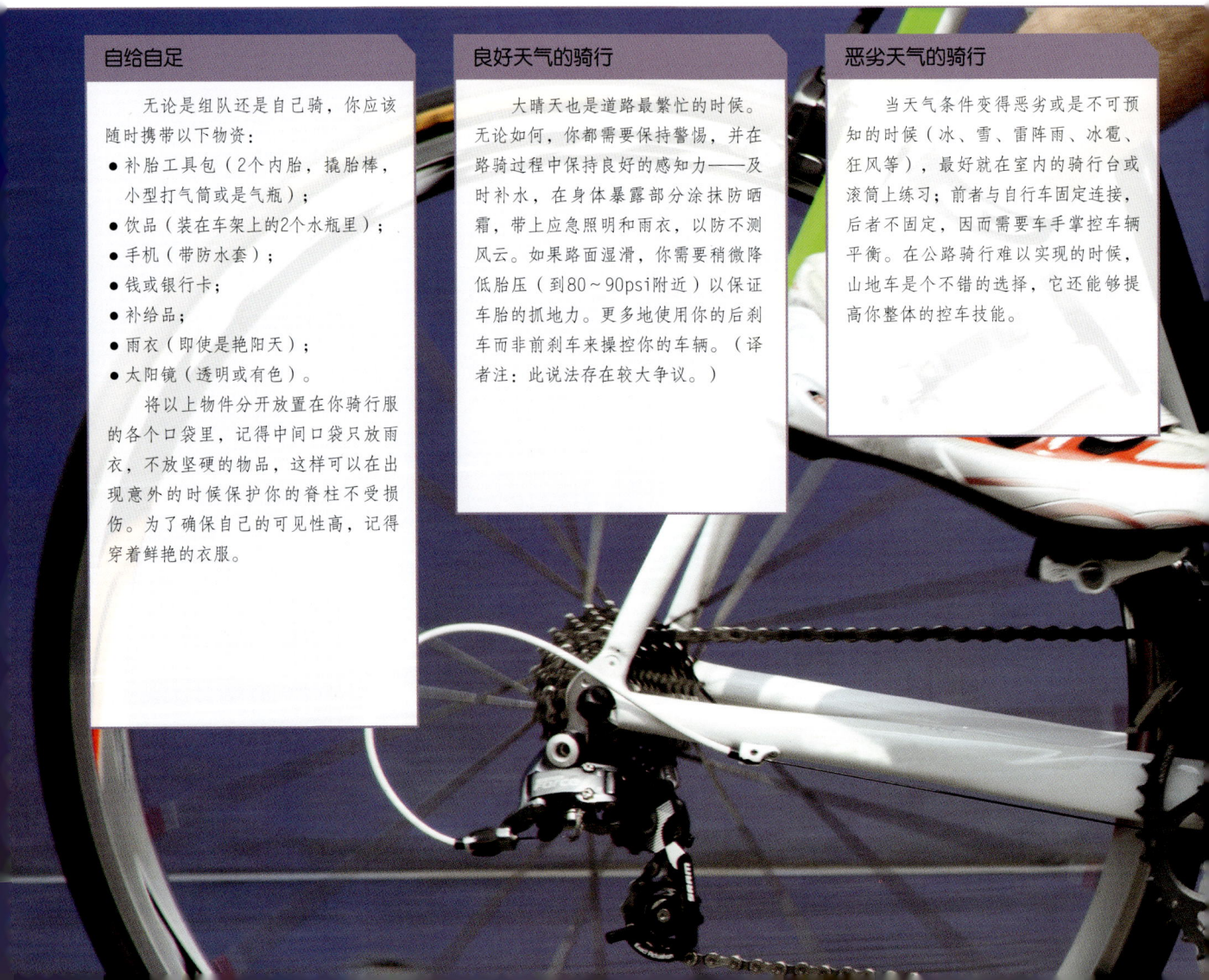

使用正确的齿比

公路自行车最典型的齿轮组合是由前部53齿和39齿的两个大小盘片和后飞轮上的11个齿片（11~28齿）构成的，当然你也可以自定义你的齿片组合。容易的小齿比组合是用前面的小盘配后面的大飞轮——它可以帮助你在爬升时保持较高的踏频（见45页）。较难的大齿比组合是用前面的大盘配后面的小飞轮——它能够帮助你在平路和下坡阶段加速。

后飞轮
小盘
曲柄
大盘

跟骑

跟骑是指跟随前方车手速度骑行。通过藏在他们身后的气流中骑行，可以躲避风力，节省能量并保持稳定的速度。这在职业车手的比赛和日常的组队骑行中都随处可见。

然而，跟骑行为对于大部分三项赛事的分年龄组选手而言，却是不允许的；参加半程和全程（长距离）铁人三项赛事的职业和年龄组选手也是这样。只有在超车时，选手们才被允许进入前方选手身后的跟骑区，并且还必须在规定时间内完成超越。所有比赛对跟骑行为都有细致明确的规定。

配速

不断训练能够使你保持并不断提高骑行功率和速度。运动水平将决定你在自行车赛段的表现。然而，合理配速对于完成比赛却是最为关键的因素。

公路骑行可以帮助你提高整体的骑行能力：爬坡将考验你的耐力和换挡技术，长距离拉练将提升你的耐力，短冲练习将激发你的乳酸阈值。合理地使用这些能力来进行配速，可以确保你有足够的能量来完成比赛。

换挡

如果使用得当，自行车的不同挡位将使得你的骑行更加高效。牢记你的踏频（见45页），并在爬升、速降以及平地路段进行试验。当你开始爬升或是面对顶风的时候，切换到更小、更容易的齿比，并让你的腿继续保持高速的踏频。相反，在下坡和平路上，你需要换到更大的齿比。正所谓熟能生巧，只有通过不断练习，才能非常流畅而有效地切换挡位，这也是你需要在赛前花时间体验不同挡位组合的原因。

骑行装束

外出骑行时，需要穿着合适的骑行服，同时，需要随身携带必要的修理工具包，并做好应对天气变化的准备。铁人三项比赛中佩戴的头盔需要符合官方安全标准，因此务必购买具有安全标志的产品。有疑问时，可以去自行车商店寻求帮助。

40 KPH

在还未达到40公里/小时的速度时，空气动力学原理并不是你需要考虑的问题。

问/答 **我需要什么类型的头盔**

挑选舒适且尺寸合适的头盔。气动头盔适用于减小风阻，但其透气性不好——特别是对于长距离炎热天气下的骑行而言，而且都价格不菲。如果你是新手，那就挑个普通的公路头盔。当你的骑行速度未达到40公里/小时，空气动力学原理并不是你需要考虑的问题。

问/答 **我需要什么样的鞋？**

鞋最关键的是要合脚，自行车鞋的舒适性很重要，否则容易造成黑趾甲（由于受压造成的趾甲底部出血）。如果你刚刚接触骑行，最好使用带脚套或趾夹的普通脚踏；等你习惯了这些，再进一步换到锁鞋锁踏（见55页框内图）。锁片可以给你提供更有效的蹬踏效果（见44页），并且比脚套和趾夹更为安全，因为它们使用了一种内置的安全机构，可在撞击时让脚脱离脚踏板。

问/答 **我在寒冷天气里穿什么？**

在寒冷的秋季，你需要佩戴臂套和腿套，乃至背心来防御冷空气。在更冷的天气环境下，你需要保暖夹克、紧身长裤、靴子、耳套和手套，甚至可以考虑在鞋和手套里加个暖宝贴。确保你的长裤或短裤里面带有衬垫，来避免车座造成的摩擦疼痛。有些选手喜欢穿带有背带的骑行长裤，因为他们感觉这样可以比普通短裤坐得更安稳。在阴雨天气里，记得穿上雨衣和防水的靴子。

问/答 **我在炎热天气里穿什么？**

相对冷天而言，炎热天气的麻烦事儿会少些。夏季里，一套骑行短裤和一件短袖骑行服可以保证你的凉爽。在温和的天气下，你也可以考虑戴副无指骑行手套，因为手套的护垫可以在摔车时尽量保护你的尺骨神经少受损伤。天气晴朗时太阳镜也是个必要的装备——不仅可以避免

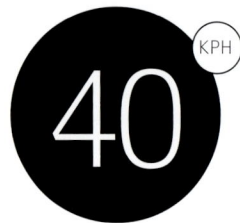

耀眼光照，还能防止灰尘、石粒以及道路残屑进入眼睛。

问/答 **我还需要别的什么？**

无论你是一个人骑行还是和别人一起，你都需要携带必要的应急装备。骑行服后面应当有3个口袋来存放这些东西：把防水服放在中间的口袋来提供额外防护。避免把硬质物件如便携式气筒放在背后的口袋，遇到意外时可能会造成附加损伤。你需要准备一些高防晒指数的防晒霜和护臀膏，后者可以让骑行裤的衬垫更加卫生并减少车座对肌体的摩擦。

骑行服

　　骑行装备需要满足舒适、实用和安全这几项要求。根据天气情况选择你的服装，确保你既得到足够保护又具有很好的流线型。

太阳镜可以保护你的眼睛，让眼睛躲避炫光和溅起的路屑

头盔应当戴起来舒适且符合安全标准

骑行上装根据天气情况选择适当重量的上装

马甲提供额外的保温效果

骑行短裤要选择护垫效果好的短裤

袜子选择透气性的运动袜（避免棉质袜子）

高科技服装

　　高科技织物是一种可以紧贴皮肤穿着、快速将汗液湿气从皮肤表面排出的产品——汗液蒸汽排到织物表面后进一步挥发掉。相对而言，棉质织物会吸附大量汗液，让你感觉又黏又湿，因此，一定要选择轻质、速干和贴身的服装，这样才能在骑行中有足够的活动自由度。如果天气寒冷，再在外面加穿两件乃至更多的防寒外套来保暖。

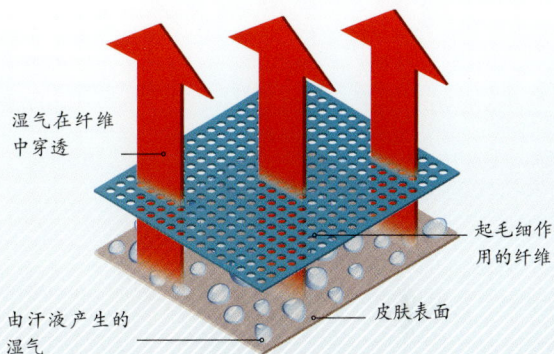

湿气在纤维中穿透

由汗液产生的湿气

起毛细作用的纤维

皮肤表面

锁片

　　通常认为，锁片比脚套和趾夹更安全和高效。锁片还有一定程度的"浮动"（锁片和锁踏之间的相对运动）。这使得你可以调节你的脚趾指向。通常你的脚趾都应该是指向正前方，大脚趾关节正对着脚踏的中心位置，以期获得最佳的踩踏效果。如果你对锁片锁踏都不熟悉，可以向附近的车店咨询。

锁片固定在专门设计构造的锁鞋底部

鞋就可以固定在锁踏的上面

第二换项（T2）

当你结束骑行准备进入跑步阶段时，你必须集中精力快速敏捷地完成换项，并让你的腿飞快地蹬摆起来。因此，你还需要把骑跑转换作为训练计划的一部分。

45

高质量的换项过程只需要45秒，对于精英选手而言，他们只需要大约30秒。

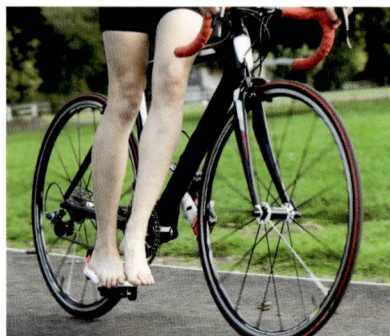

1 脱鞋 在离下车线大约400米的地方，你就需要从锁鞋里抽出你的脚踩在鞋面上方。同时，将自行车切换到小齿比，为即将到来的跑步做好准备。

2 换项区定位 在脑海中勾勒你的换项位置，通过之前记下的一些换项区标志，准备好迅速通过人群和车列到达你的位置。

3 下车 在到达下车线之前，一只脚站立在脚踏上，异侧腿从车后绕过，到达站立腿后方并在下车线前落地，开始进入第二换项。

T2换项区的安排

　　敏捷高效的转换不仅可以节省宝贵的时间，更能让你为下一阶段的跑步做好准备。充分的练习尤为关键：不要因为肾上腺素的急剧分泌或是主观上的匆忙乱了你的分寸。不要把时间浪费在调整号码簿位置等可以稍后完成的事情上。严格执行你的计划，掌控好自己的比赛节奏。

检查清单

- 毛巾
- 跑鞋
- 能量补给
- 水壶

4 找到位置　找到你的换项位置，放好车，再取下头盔。务必牢记，在推车入位之前取下头盔有可能被取消比赛资格。

5 穿跑鞋　快速穿上跑鞋（用弹力鞋带可以帮你节省时间），放好你的头盔和其他物品，带上能量胶、太阳帽和太阳镜，向T2出口跑。

6 跑起来　沿途都有很多水站提供补给，因此你就只管跑起来便是。记得把号码牌移到身体前方。

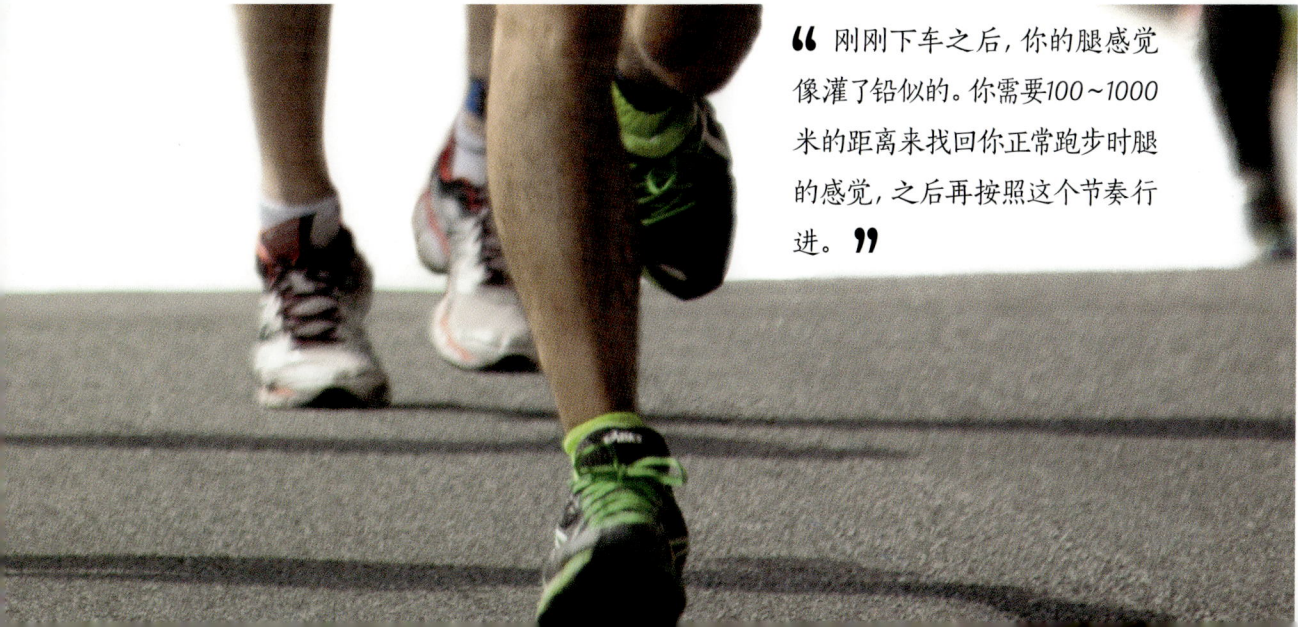

❝ 刚刚下车之后，你的腿感觉像灌了铅似的。你需要100~1000米的距离来找回你正常跑步时腿的感觉，之后再按照这个节奏行进。❞

跑步课堂

跑动周期

跑步的动作分为两个阶段。双脚腾空的第一阶段又分为脚尖离地和摆腿两部分。第二阶段分为落地和支撑两部分；如果你跑步动作良好，你的脚触底时间应少于半秒钟。了解身体身体在整个循环过程中是如何工作的，可以帮助你成为一个更高效的跑步者——而且最终也成为一个更快的跑步者。

关键点 »

跑步的不同阶段由不同的肌肉负责工作。小腿和足部肌肉吸收地面冲击并提供蹬地的动力；大腿的肌肉帮助你前进；躯干的肌肉负责稳定和平衡，控制跑动中的身体形态。

- 胸大肌
- 臀屈肌
- 臀肌
- 内收肌
- 外展肌
- 股四头肌
- 腘绳肌
- 比目鱼肌
- 腓肠肌

脚尖离地

臀屈肌带动你牵引腿的膝盖向前移动，而腘绳肌则牵引起脚跟向臀部方向移动。被动腿这时释放出肌肉和韧带中储存的弹性势能，推动脚尖蹬离地面。

臀屈肌就像弹簧一样，带动你的膝盖移动

跟腱和小腿的韧带也像弹簧一样工作，跑动中释放能量

在跑动过程中，躯干的肌肉起到稳定身体的作用

你的脚就像杠杆一样，推动你的身体离开地面

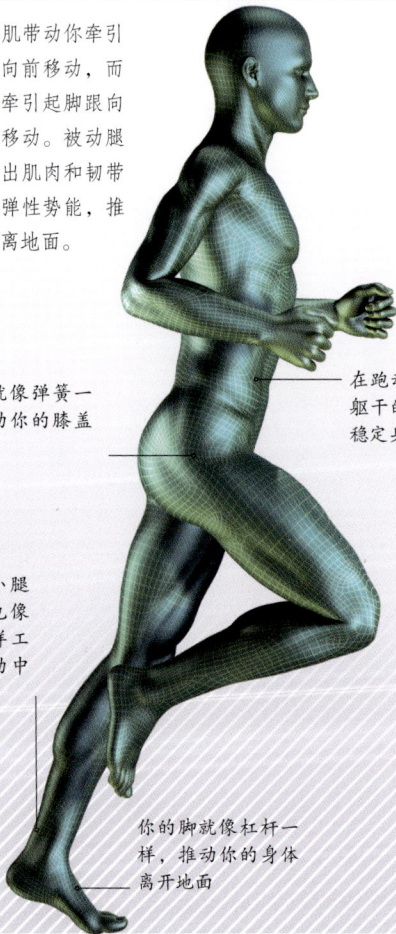

摆腿

摆腿的这个阶段直接决定了你的步幅，即脚尖离地到脚落地点的长度。当你腾空摆腿跨越地面的时候，你的身体处于放松状态，并为落地做好准备。

摆动异侧胳膊来维持平衡

发达的内收肌可以协助稳定臀部，放置膝盖内旋

腘绳肌主要用于牵引脚跟后踢上摆

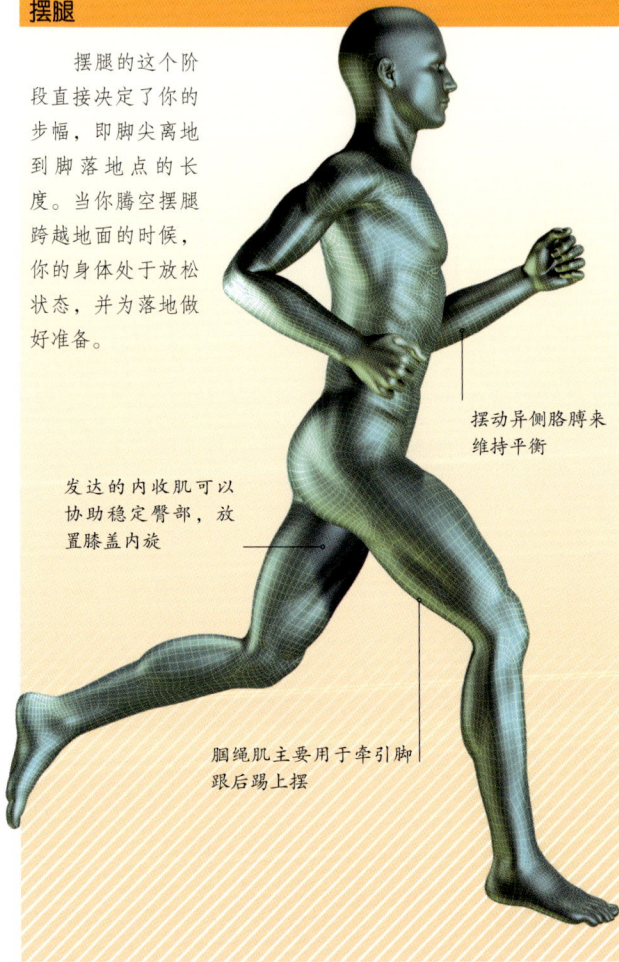

跑动周期

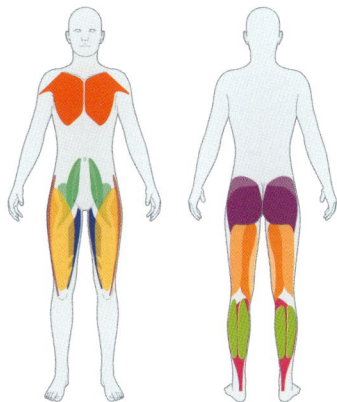

跑步是铁人三项运动中唯一需要身体承受全部自重的活动，因此你的动力学链需要格外稳健，从而避免训练和比赛中关节和骨头承受过度的冲击和负荷。当你下了自行车进入三项最后环节的时候，一开始会感觉腿像灌了铅一样——稳健的动力学链可以保障你顺利跑到终点。通过学习更好的跑步技巧和勤加练习来强化动力学链，让受伤的风险最小化并减轻身体的负荷。

落地

好的跑步者向来落地轻盈。在你落地时，足部接受的冲击力将会是你身体重量的数倍；保持肌肉放松、体位正直，会有利于你保持前进动量，抵御伤病。

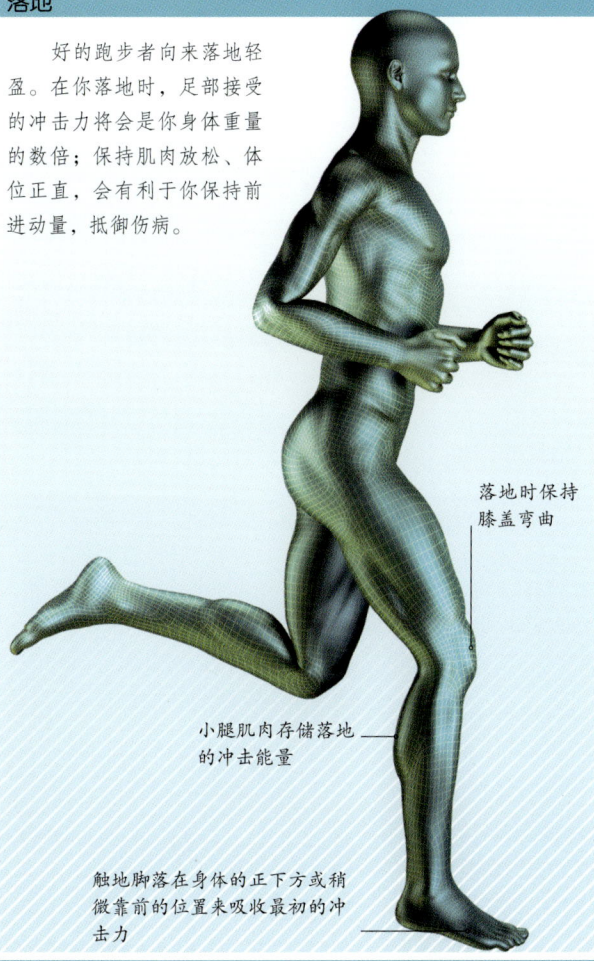

落地时保持膝盖弯曲

小腿肌肉存储落地的冲击能量

触地脚落在身体的正下方或稍微靠前的位置来吸收最初的冲击力

支撑

这个阶段对于好的跑步者而言是很短的。关键在于驱动你的股骨（大腿骨）迅速后移，让身体快速通过你的支撑腿位置，并利用之前存储的落地能量为蹬地做好准备。

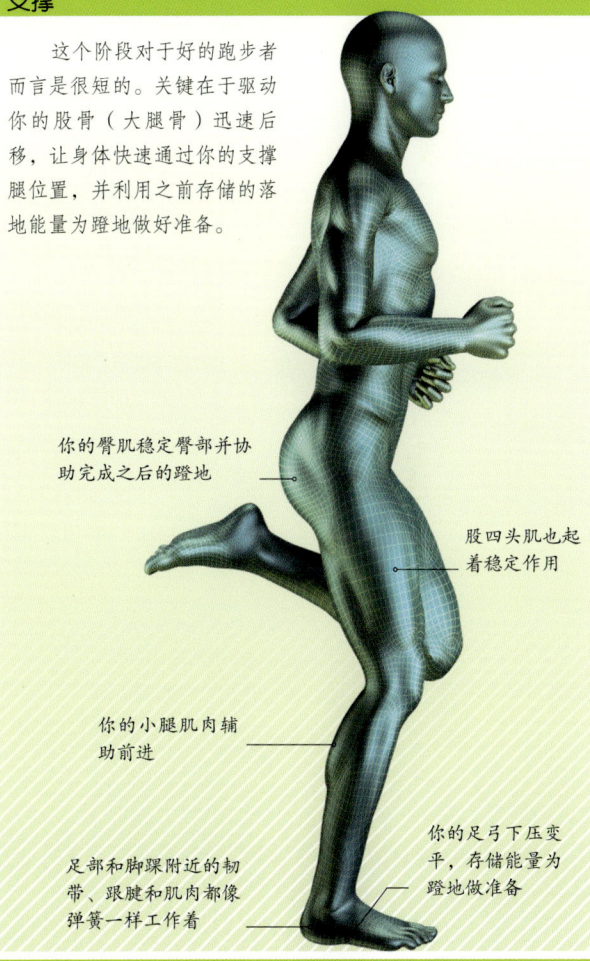

你的臀肌稳定臀部并协助完成之后的蹬地

股四头肌也起着稳定作用

你的小腿肌肉辅助前进

足部和脚踝附近的韧带、跟腱和肌肉都像弹簧一样工作着

你的足弓下压变平，存储能量为蹬地做准备

落地

想成为一个更好的跑步者，就要从认真研究脚落地的方式做起。不同跑步者的落地方式会有区别，但基本上可以分为三大类，并且每一类都能在不同水平的跑步者中找到例子。无论你属于哪一类，认真评估自己的落地方式，都能够帮助你提高跑步技术并提高跑步效率。

平底比赛跑鞋

现代的支撑性跑鞋促使很多人跑步时脚跟落地。尽管如此，很多精英跑步者更爱轻质平底比赛跑鞋，因为这方便他们前脚掌或中足落地，这样可以跑得更快。

轻质训练鞋（左图）仿照老式钉鞋（上图）的设计，不提供任何支撑和足跟缓冲

测试落地类型

可以通过以下步骤感受不同落地类型的效果：

1 站在一个硬质地面上，脱掉鞋子，用足跟站着往后仰，轻轻跳一下。你感到痛没有？这其实和你足跟落地的效果差不多。

2 现在试着让身体前倾立在前脚掌上，再跳一次。你会感到地面带来的弹力，这也是前脚掌落地的跑步者能够跑得更有效率的一个主要原因。

无论你是哪种落地类型，都要避免步幅过大和落地过重。如果你希望改变现有的落地方式，就找一个合格的跑步教练，在他的指导下一点点去进行改变。

足跟落地

在这种落地方式中，跑步者落地脚的后跟先接触地面，然后再通过脚的滚动向前，把负荷转移给足弓，并最终完成蹬地动作。由于现代跑鞋的普及，足跟落地已经成为过去三四十年中最普遍的落地方式。

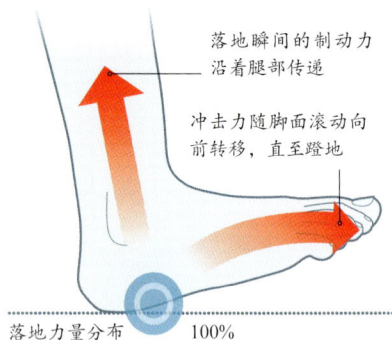

落地瞬间的制动力沿着腿部传递

冲击力随脚面滚动向前转移，直至蹬地

落地力量分布 100%

中足落地

在这种落地方式中，跑步者的足底中部首先触地，因此足部基本是平行于地面，足弓直接受力。这种落地方式需要更多的力来驱动身体向前，因此中足落地并不是非常经济的一种落地方式。

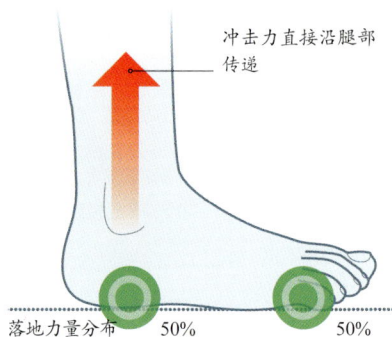

冲击力直接沿腿部传递

落地力量分布 50% 50%

前掌落地

在这种落地方式中，跑步者的前脚掌先接触地面，脚后跟随之轻点地面，向内侧稍微内旋，接受压力，并蹬地。前掌着地可以改善跑步表现并减轻受伤风险，但同样不要让后跟落地时抬得太高，这会给距骨（大脚趾根部的骨头）造成过度压力。

冲击力经由脚面和脚踝时被显著减轻

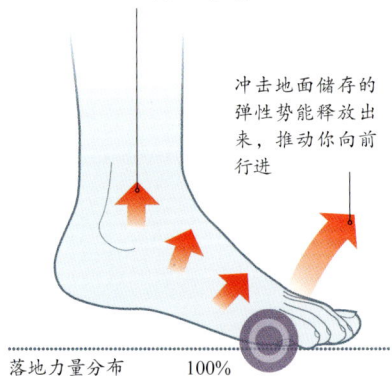

冲击地面储存的弹性势能释放出来，推动你向前行进

落地力量分布 100%

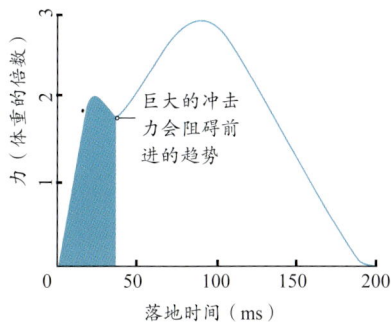

脚跟着地会产生高达两倍体重的力，这样日积月累的受力容易导致身体损伤。

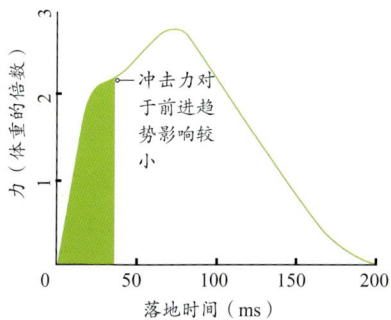

中足落地会产生更大的冲击力，但由于受力面积分不到整个脚面，所以应力被减小。

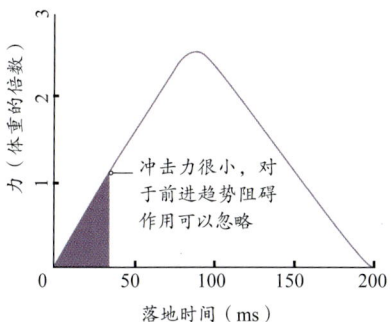

前掌着地的冲击力很小，并且能通过有弹性的前足快速分散掉。

赤足跑鞋

最简跑鞋或赤足跑鞋只有薄薄一层鞋底，用于防护尖锐石子，但并不具有常见训练鞋的人工支撑和缓冲作用。

赤足跑鞋的作用是提供一种类似于光脚跑自然着地的跑步方式。如果你这样跑，你的身体可以更好地利用储备的能量，但需要有很好的跑步技巧来避免受伤。如果你希望尝试赤足跑，务必通过一段时间来逐步适应；可以从跑30秒时间开始，按照10%递增的原则进行下去。

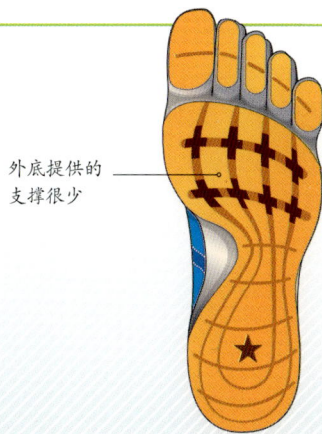

外底提供的支撑很少

你的鞋能提供哪些信息

在你跑步时，你的脚和脚踝自然旋转，但旋转的程度因人而异。适量的内旋或外旋都没问题，因为这都属于韧带和跟腱的正常拉伸，有助于储存和释放弹性势能；但如果过度内翻或内翻不足，就会影响到你的跑步效率并可能造成伤害了。跑鞋底部的磨损情况就能说明你的脚是怎么落地和旋转的。

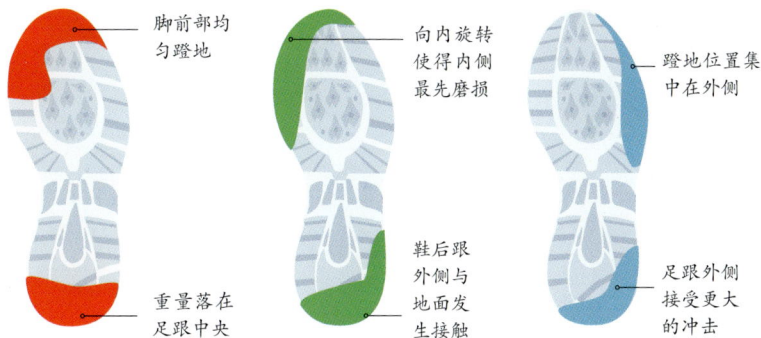

脚前部均匀蹬地

重量落在足跟中央

向内旋转使得内侧最先磨损

鞋后跟外侧与地面发生接触

蹬地位置集中在外侧

足跟外侧接受更大的冲击

中性
中性足跑步者的旋转角度大概是15度。上面的磨损图案就显示了，一个典型的足跟着地者是如何从后跟着地，经由足部旋转内翻并最终踩平的。

过度内翻
旋转角度超过15度时会造成损伤。过度内翻的跑步者可以向专业的跑鞋销售人员咨询，选择动作-控制（Motion-Control）款的跑鞋来避免受伤。

内翻不足
如果你的鞋总是外侧磨损，那你肯定属于内翻不足的跑步者：这将使你的肌肉和跟腱承受较大应力。选择具有中性缓冲的跑鞋会帮助你做出自然的落地动作。

高效跑步

唯有跑得省力才能跑得好，高效跑步者每跑一步的耗氧量会更少。改善跑速和耐力的最佳方式无非是纠正身体姿势，尤其是身体重心附近，亦即臀部。

> 强健的躯干对于保持体态平衡非常关键，这也会帮助你在跑步时更加有效地呼吸。

蹬地

从脚踝开始向前倾而不是从腰部开始，这可以使你在脚尖离地时向前迈步。这一姿态让臀伸肌得以充分伸展，从而为腿后摆做好准备。

跑姿要高，身体微微前倾

骨盆向前倾斜超过身体重心并且应当保持稳定

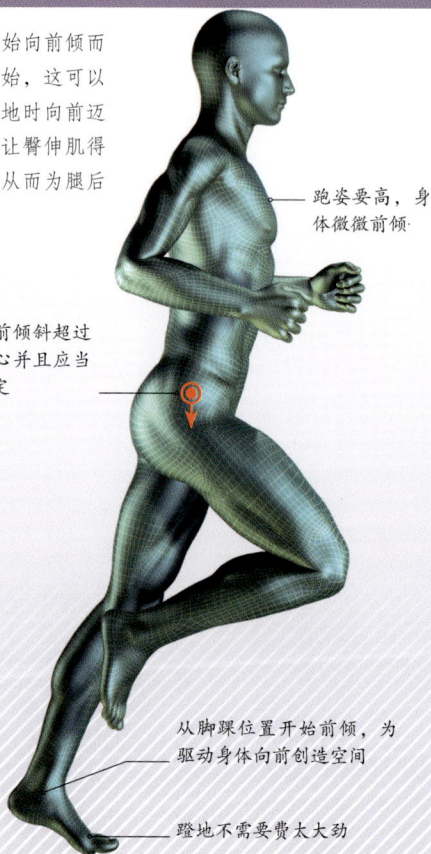

从脚踝位置开始前倾，为驱动身体向前创造空间

蹬地不需要费太大劲

摆腿

当你的胳膊绕肩关节转动并垂直于身体时，你同侧的被动腿应该自然后摆。摆臂可以平衡你的摆腿，并控制你跑步的配速。

摆臂过高你会过度紧张，过低又会造成身体过度前倾

身体重心

强健的腹肌能让身体保持正直

恢复期腿的屈膝，可以使你的腘绳肌得到放松

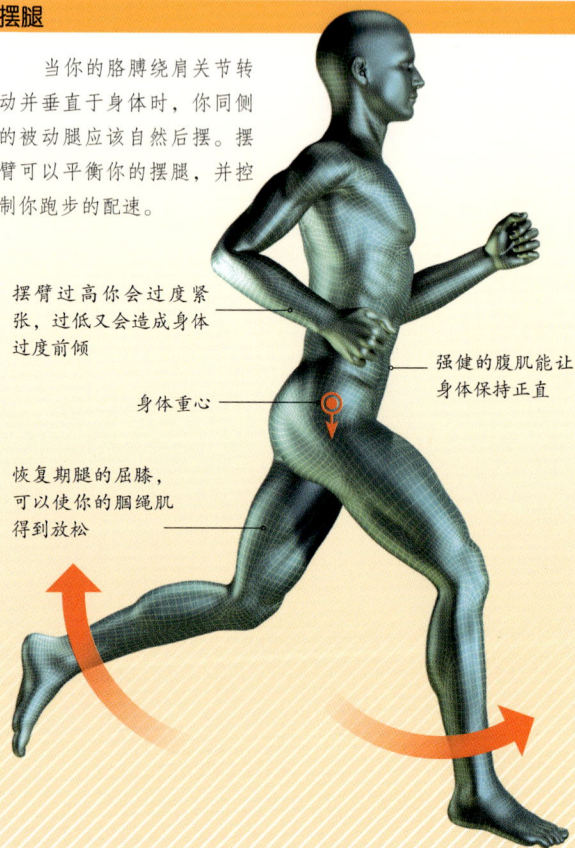

周期结束 ① 新周期开始

保持对中

跑步时你应当保持身体尽可能正直，让你的臀部位于落地点稍后一点的位置。腿部前摆时，躯干可以发生轻微的扭曲，但你可以通过前后摆臂来尽可能削减这个扭曲的幅度。你的胳膊可以向身体中心线摆动，但绝不要超过这条线，否则就会导致腿部姿势变形。保持头部放松，眼睛正视前方，不要盯着脚下看。

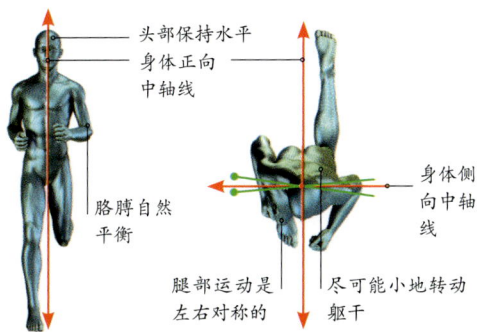

头部保持水平
身体正向中轴线
身体侧向中轴线
胳膊自然平衡
腿部运动是左右对称的
尽可能小地转动躯干

落地

落地位置就在身体重心前面一点。这会使你前进的动力不受影响，腿部充分吸收地面的冲击力，储存为弹性势能，在后一个周期中释放。

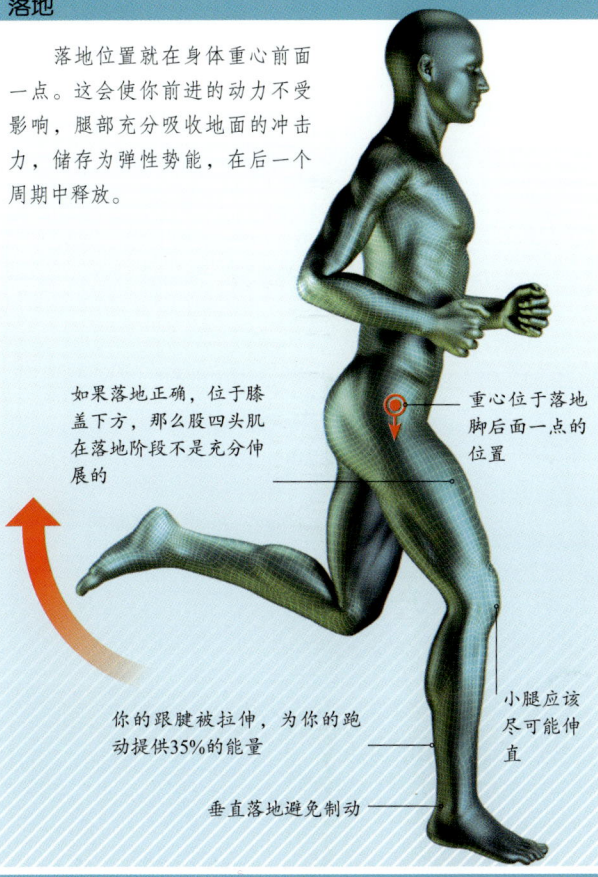

如果落地正确，位于膝盖下方，那么股四头肌在落地阶段不是充分伸展的

重心位于落地脚后面一点的位置

你的跟腱被拉伸，为你的跑动提供35%的能量

小腿应该尽可能伸直

垂直落地避免制动

支撑

当你进入中间姿态准备蹬地时，保持正直姿态，依靠膝盖前倾。这个动作使得你的身体尽可能省力地前倾。

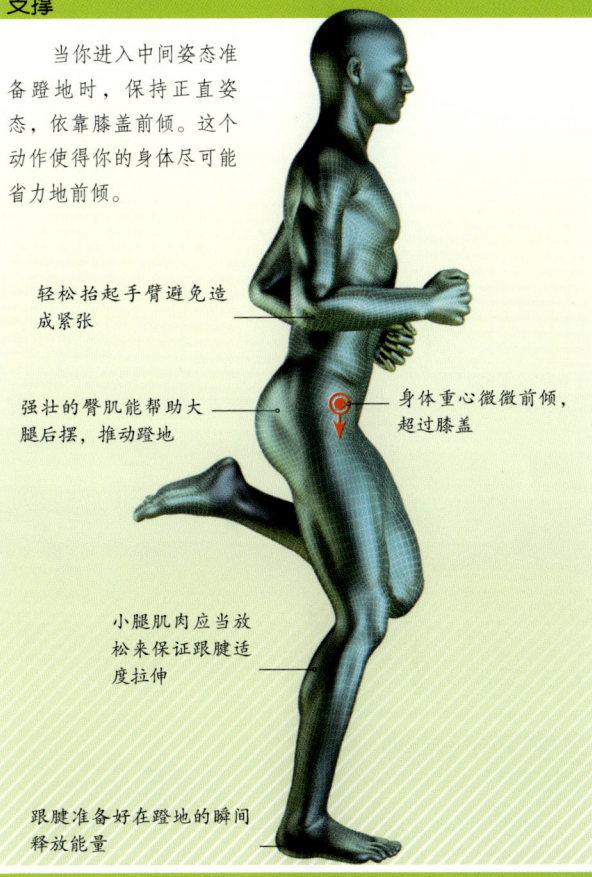

轻松抬起手臂避免造成紧张

强壮的臀肌能帮助大腿后摆，推动蹬地

身体重心微微前倾，超过膝盖

小腿肌肉应当放松来保证跟腱适度拉伸

跟腱准备好在蹬地的瞬间释放能量

周期结束 ② 新周期开始

步频

　　跑快的一种有效方式就是提高步频，以每分钟脚落地的次数来计算。无论你是哪种落地类型，你都可以试着提高自己的步频，但需要避免过度迈步或落地过重。好的跑步者落地轻盈并且不会让脚在地面停留太久；触地迅速轻快，几乎没有动静。

增加步频

　　下图演示了一个跑步周期当中的触地时间是怎样的。你只需要稍微增加你的步频就可以跑得更快。研究发现，从170～175步/分的（双脚计）步频变化会带来8米/分的速度变化。当你试着提高步频的时候，每次都以5%的增量进行。

98

绝大多数精英级跑步者的步频都在98步/分左右。

关键点 ➤➤
- ● 蹬地
- ● 摆腿
- ● 落地
- ● 支撑

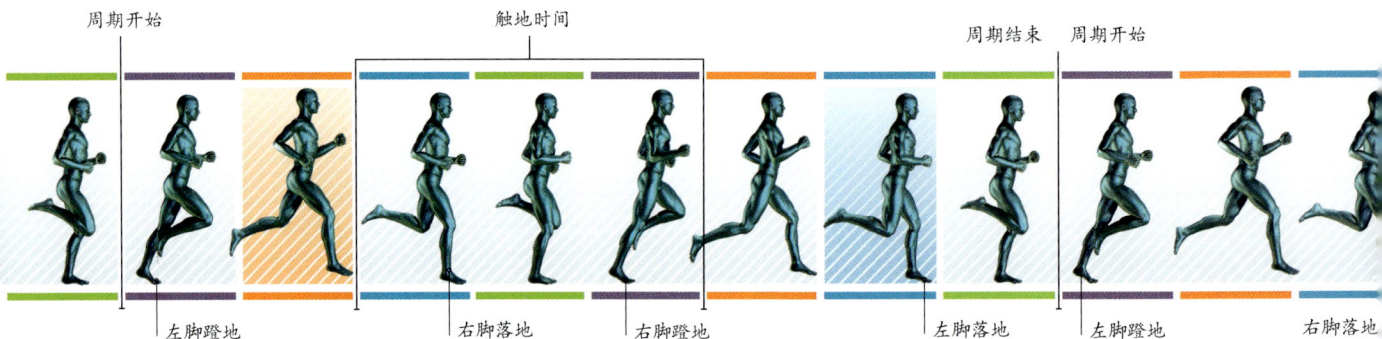

周期开始　　　　　触地时间　　　　　　　　　　周期结束　周期开始

左脚蹬地　　右脚落地　　右脚蹬地　　左脚落地　　左脚蹬地　　右脚落地

了解自己的配速

　　无论你的目标是什么，创造个人最佳成绩，或是完成自己的第一场比赛，充分了解你能够坚持的配速都十分关键。你只需要两个信息来了解你的速配：跑步长度和所需时间。增加步频便是你提高配速实现目标的一种方式。

1 前往操场跑道或使用GPS来测量你跑的距离。

2 跑完这段距离并通过秒表或GPS运动手表来精确计时。

3 将路线距离除以跑步时间，得到你的配速。

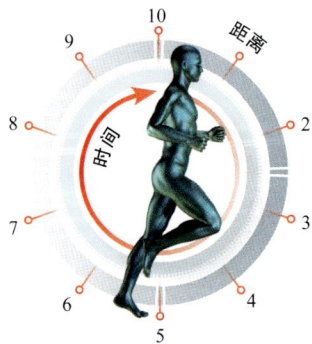

$$\frac{时间}{距离} = 跑步配速$$

跑姿和步频

好的跑姿对于维持和提高步频非常重要；强健的动力学链（见61页）会使你提高步频，跑得更快。这张图展示了体态如何影响步频。

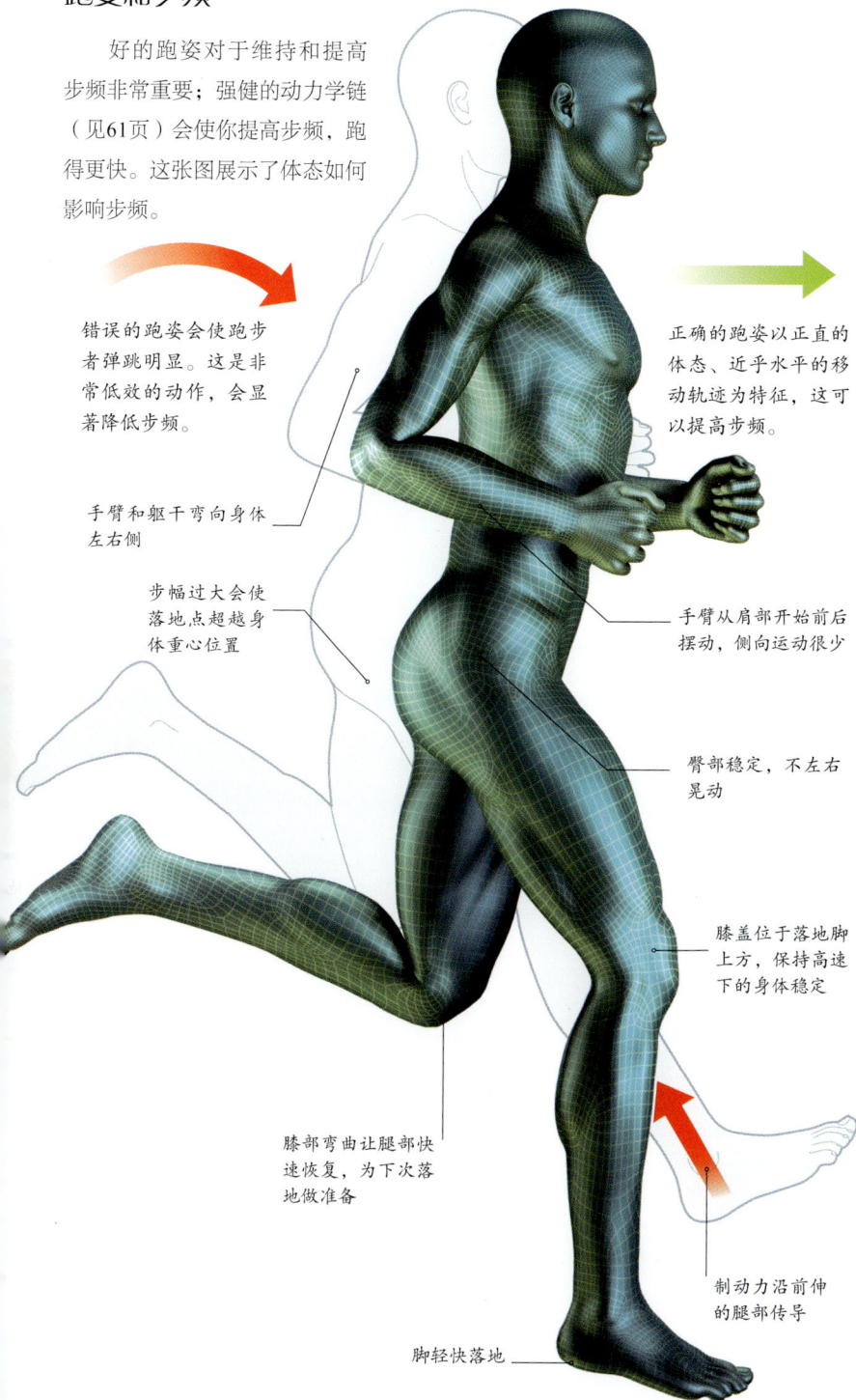

错误的跑姿会使跑步者弹跳明显。这是非常低效的动作，会显著降低步频。

手臂和躯干弯向身体左右侧

步幅过大会使落地点超越身体重心位置

正确的跑姿以正直的体态、近乎水平的移动轨迹为特征，这可以提高步频。

手臂从肩部开始前后摆动，侧向运动很少

臀部稳定，不左右晃动

膝盖位于落地脚上方，保持高速下的身体稳定

膝部弯曲让腿部快速恢复，为下次落地做准备

制动力沿前伸的腿部传导

脚轻快落地

需要避免的一些事情

夯地

一双好的跑步鞋可以提供很多缓冲，但有些跑步者却因为依赖鞋的缓冲养成了落地沉重的毛病，每次落地腿都受到很大的作用力。

步幅过大

步幅并不是越大越好。如果你的脚前跨过度，超出身体重心位置太远，就会产生制动力降低你的跑步效率。

胳膊不动

合理的运动摆臂是优良跑姿的重要因素。不要试图通过降低胳膊运动来加强腿部工作。

扭摆

当摆臂过度且没有方向时，就会发生扭摆。如果胳膊侧摆，也会造成躯干多余的侧向活动。

跳动

也许你觉得跑动中自然跳动是正常的，但这会丧失宝贵的能量和前进的动力。你应该努力学会稳定水平地前进。

配速过慢

有些跑步者可能会为了刻意提高效率或节省力气而降低配速，实际上，这会起到相反的效果，事倍功半。

热身和放松

训练对身体是苛刻的考验，如果急于从休息状态进入剧烈运动状态，将有急性或慢性损伤的风险。做好热身放松是铁人三项选手常规训练的必要环节。

> 66 赛前通过常规的热身，能够让身体逐渐调整到你熟悉的状态，无论比赛日周围是怎样的喧嚣和嘈杂。 99

你的成功要诀

让身体准备好

合理热身能让你从生理层面和心理层面都做好训练的准备，让你从一开始就可以处于最佳状态。热身不充分可能会导致错误或低效的技术动作，并有可能导致受伤，不仅是肌肉受伤，也可能是关节和韧带受伤。

通常有两种类型的热身：通用热身和专项热身。通用热身通过舒缓的手臂和腿部摆动完成，这可以调动你的肩膀和髋关节，有时还包括一些轻松慢跑和骑行环节。专项的运动热身（比如69页上针对跑步的）则使用于更为剧烈的训练和比赛。

放松或整理也是非常关键的，因为这可以帮你从运动中充分快速地恢复过来，让你回到最佳状态。整理放松不充分会导致肌肉僵硬和疼痛。

生理效果

运动中，你的肌肉需要更多的能量和氧气。热身会提高你的呼吸节奏、心率和体温。使你的心脏泵出更多的富氧血液进入肌肉组织，同时带走更多的代谢废物（例如二氧化碳）。具体过程是这样发生的：肌肉组织的血管舒张，导致肌肉组织温度升高，收缩和放松速率加快，从而提升运动过程整体效率。

运动后的放松可以帮助你清理肌肉组织中的肾上腺素和乳酸等代谢废物，降低延迟性肌肉酸痛（DOMS，见155页）的发生概率，同时帮助心脏恢复正常搏动状态。

心理效果

热身可以提供一系列心理学效果。确信自己的身体已经做好充分准备将会给自己足够的信心来完成艰苦的训练和比赛，而不必担心受伤；热身本身也能帮你清除杂念，专注于比赛本身。通过热身让自己冥想一些技术动作，正如你在游泳训练课中做的那样（见20~21页），这可以让你在比赛各个阶段的动作完成得更加自然。

问答 我该如何热身？

对于跑步训练而言，本书70～73页描述的热身动作已经非常全面且不需要占用太多空间：100米长度的路面或草地即可。如果你是为游泳或者跑步热身，需要进行一些专项运动热身（见20～21页和48页）。

问答 我该如何拉伸？

拉伸主要有两类：静态拉伸和动态拉伸。动态拉伸是在运动中进行的，它为你的肌肉活动做足准备；静态拉伸是在你身体休息的时候进行。你应该在热身时候做动态拉伸，在整理休息时做静态拉伸。

问答 什么是"充血法"？

剧烈运动会导致肌肉纤维的微撕裂。整理休息时使用静态"充血"拉伸方式（见74～75页），帮助你的肌肉获取营养丰富的血液，清理毒素。温和地收缩和放松你的肌肉，可以帮助你的血管达到这样的清理效果。

预防伤病

预防伤病的最好方式就是从根源上杜绝。这通常被称为"预防护"练习，通常包括：进行正确的技术练习，做力量和调理课程，从而确保你足够强壮和稳定，能够在你希望的水平上从事铁人三项运动。好的热身也是防护练习的关键环节。放松也是一样，它可以降低肌肉僵硬和酸痛的风险，帮助肌肉清理运动中产生的代谢垃圾。防护练习大多使用泡沫轴（见150～153页），常规的运动按摩也可以有效地帮助血液清理肌肉中的垃圾，防止问题区域进一步发展。

热身范例

》目标：为跑步练习热身相关肌肉　　**》时长：10分钟**

	练习	组数	次数	休息时间
01	轻松慢跑	1×	4（重复4次）	10秒
02	中速慢跑	1×	4	20秒
03	动态腘绳肌拉伸	1× 1× 1×	10-走 10-慢跑 10-连续跑	无 无 无
04	弓箭步走	1×	10	无
05	脊椎拉伸	1×	10	无
06	动态臀肌拉伸	1×	10	无
07	动态髋屈肌拉伸	1×	10	无
08	动态股直肌拉伸	1×	10	无
09	体态校正练习（拉+推）	1×	每个1次	无

整理放松范例

》目标：促进跑步后肌肉组织的血液循环　　**》时长：3～4分钟**

	练习	组数	次数	休息时间
01	后仰弓箭步走	1×	4～6	无
02	小腿和髋屈肌充血	1×	4～6	无
03	臀肌充血	1×	4～6	无
04	腘绳肌充血	1×	4～6	无

01 轻松慢跑

轻松慢跑是开始热身的绝好方法：释放滑液进入关节降低摩擦，提高心率，拉伸肌腱。

肩膀放松

保持落地轻盈有弹力

开始时，双脚分开与臀同宽。微微向前倾，直到你感觉要失去平衡，然后就开始以轻松步伐慢跑25步；重复4次，每次开始前停几秒钟。

02 中速慢跑

中速慢跑热身可以帮你找到比赛速度迈步的时间感，同时提高你的心率和呼吸节奏。

摆臂带动身体

腿快速后摆

开始时，双脚分开与臀同宽。微微向前倾，然后以稳健的速度跑25步；重复4次，每次开始前停几秒。

03 动态腘绳肌拉伸

腘绳肌是跑步中的关键肌肉，你需要确保这部分肌肉准备充分。以拉伸和步行交替做10组练习。再加快节奏到拉伸和慢跑交替做10组，单腿跳跃并踢另一只腿。最后再换边连续踢腿做10组，中间不迈步。

保持手臂伸直

挺直躯干

伸直手臂拉伸背阔肌

左腿伸直，膝盖放松

1 从站立高举手臂过顶开始。移动左臂至你期望踢腿的高度；从较低位置开始，并随着肌肉热身过程逐渐升高。

2 上踢右腿直到碰到左手。放下右腿回到地面，伸直手臂过头顶拉伸。向前走几步做另一侧的练习。

04 弓箭步走

这个简单高效的练习可以提高你的平衡力，并激活你的跑步主肌群。把手放在头上可以进一步提高平衡难度。

2 保持躯干正直，左腿向前迈一大步。落脚压腿屈膝，保持右腿伸直，膝盖放松，停顿。

3 左腿发力蹬起身体。右腿向前完成下一个向前迈步，你的身体姿势与之前相反，换脚重复第2个步骤。

保持住上体姿势

保持躯干竖直，眼睛前视

体会臀部的拉伸感

压低腿使大腿平行于地面

1 开始时，双脚分开与臀同宽，手轻触头部两侧。确保肩膀，臀部和脚共线。

05 脊柱拉伸

这一练习可以弯曲并调动你的脊柱；尤其是对整日坐在办公桌前的上班族特别有好处。在做的过程中，你也许会听到或感觉到脊柱重排时发出的轻微的声音。低头让下巴贴近胸口，有利于脊柱更有效地拉伸。

保持拉长的后背和竖直的躯干

沿上体转向的反方向转动髋骨

腿后移准备前踢

1 从站姿开始，稳定速度向前迈步，保持上身正直；几步之后，左腿向前迈步，向身体左侧转动胳膊。

2 转动胳膊和上体到身体右侧，同时右腿往左侧前踢；落腿恢复身体正常状态；走几步，然后在另一侧重复该动作。

06 动态臀肌拉伸

四肢的全幅度移动可以动态拉伸肌肉，增加核心肌肉的温度，从而为运动做好准备。这一拉伸可以放松臀部的紧张。

眼睛盯住固定点辅助平衡

牵引膝盖到身体异侧

感受臀肌和周围肌肉的轻微牵引

保持膝盖放松

1 从站姿开始，抬起右腿到臀高，弯曲膝盖，双手合抱住右腿前端。

2 双手扶住右膝至身体左侧并向左肩方向微微上翘；放下右腿，向前走几步，然后在另一侧重复该动作。

07 动态臀屈肌拉伸

这一练习可以放松并打开你的胸部肌肉和臀屈肌。臀屈肌在三个项目中都会用到，如果不充分拉伸，容易引发后背疼痛及伤病。

举起抬升腿的异侧手臂

支撑侧保持肩、臀、腿一条线

2 向后摆起右腿直到你体会到臀屈肌的拉伸感，左臂后展来增加身体的拉伸；右脚回到地面，手臂也放回身体两侧；向前走几步，然后在另一侧重复该动作。

渐渐增大施加到后摆腿上的力

1 从站姿开始，右腿微微抬离地面，左腿微弯，左臂高举过头，以钟摆方式向前踢右腿。

08 动态股直肌拉伸

　　股直肌是大腿前侧股四头肌的一部分，它在跑步的后摆阶段起着关键的作用（见60～61页）。这块肌肉很容易变得紧张，因此保持股直肌的灵活性可以帮你在跑步中打开臀部，预防伤病。

举起抬升腿的异侧手臂

保持躯干正直

左臂伸直并上举

体会你胸部和臀部的拉伸感

后踢时屈膝

踮起左脚脚尖

1 从站姿开始，右腿微微抬离地面，左腿在膝部微屈，左臂高举过头，轻轻前踢右腿。

2 向后摆起右腿并向臀部折叠，同时往后上方向拉伸左臂。在另一侧重复该动作。

09 体态矫正练习

　　你需要一个搭档来做这两个练习。这些练习可以帮助你理解身体在正确矫正姿势时跑步是怎样的感觉。

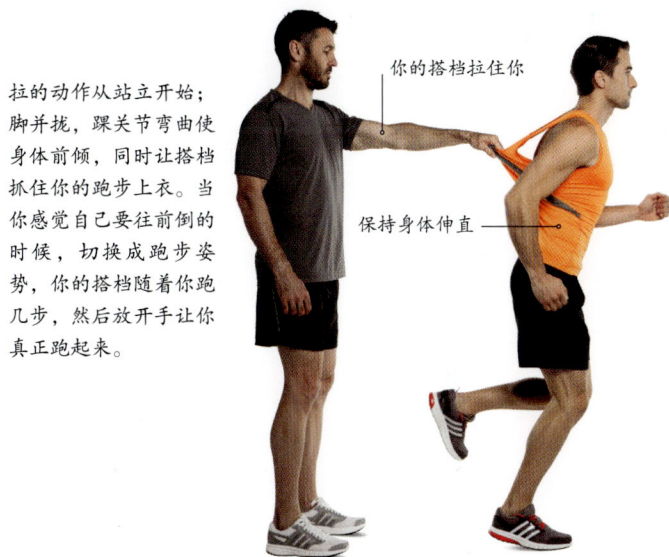

拉的动作从站立开始；脚并拢，踝关节弯曲使身体前倾，同时让搭档抓住你的跑步上衣。当你感觉自己要往前倒的时候，切换成跑步姿势，你的搭档随着你跑几步，然后放开手让你真正跑起来。

你的搭档拉住你

保持身体伸直

推的动作也是从站立开始；脚并拢，踝关节弯曲，使身体前倾，同时让搭档顶住你的肩部。当你感觉自己要往前倒的时候，切换成跑步姿势，你的搭档随着你跑几步，然后放开手让你真正跑起来。

你的搭档顶住你

保持前后摆臂

整理放松

缓缓收缩和放松肌肉——又称"肌肉充血法"，会帮助恢复疲劳肌肉组织的血液循环。在做这些练习的间隙保持活动，避免肌肉发紧。

保持头部正直

保持上身直立挺拔

感受后背部的拉伸

01 后仰弓箭步走

整理放松以这个弓箭步开始，清理你的股四头肌、臀肌和臀屈肌。弓箭步同时也可以拉伸下背部和跟腱。

1 从站姿开始，左腿缓缓后撤一步，距离以刚刚能够向左臀肌和股四头肌施加压力为宜。体重靠右腿来承担，腹肌用力。

2 停顿，然后伸直背部并恢复站立姿势。向前走几步，同时轻轻抖动腿部。在另一侧重复该动作。

02 小腿和臀屈肌充血

你的小腿和臀屈肌承担了跑步中的大部分负担；这个清理练习通过缓慢延伸相应的肌纤维来放松这些肌肉。

眼睛盯住固定点辅助平衡

用手来抵抗腿的运动

踮起脚尖

1 从站姿开始，手自然放在体侧，上体挺拔；左膝抬升至臀高，并将左手放在抬起的大腿上。

2 通过左手下压而左腿上顶来对抗压力。身体前倾，走几步，在另一侧重复该动作。

03 臀肌充血

臀肌可以帮助你跑动前行，并支撑你的躯体直立。向臀肌施加压力抵抗其运动可以拉长肌纤维并促进血液循环。

保持上体直立挺拔

用手对抗腿的运动

收缩臀肌

支撑腿稳固在地面上

1 从站姿开始，手自然放在体侧，上体挺拔；左膝抬升至臀高。

2 右手抓住抬起的膝盖往左侧推，同时膝盖往反方向抵抗。回到起始位置，在另一侧重复该动作。

04 腘绳肌充血

在最开始几次对腘绳肌进行充血的时候，特别是在跑步之后，应确保拉伸做得比较轻缓，因为这部分肌肉容易抽筋。

2 左手手指下伸至小腿，轻轻下压，同时脚后跟上抬对抗手的压力。你可以前后调节膝盖位置来放松腘绳肌的不同位置。回到起始位置，在另一侧重复该动作。

身体直立，从肩到膝，保持一条线

手指下压

1 从站姿开始，手自然放在体侧，上体挺拔。左膝弯曲，脚后跟往臀部上踢。

跑步课堂

　　铁人三项的跑步不同于单独的跑步比赛。在铁人三项赛中，你刚开始跑的时候就处于疲劳状态；如果你还是个新手，并且骑车时用力过猛，你可能还得走一会儿。跑步是一项需要承重的项目，你必须在跑步过程中保持一个好的姿势来完成。在不同强度等级进行训练，可以帮助你完善技术，从而能够逐渐挑战更高的目标却不至于给身体带来不应有的负担。

> **在比赛的最后阶段保持好的姿态并调整配速，对于你在铁人三项比赛中出色发挥至关重要。**

训练分区1~5

1 轻松

长距离慢速练习（LSD）可以帮助增强耐力，而短距离的轻松跑可以帮助恢复。这种跑步训练最好在草地上完成，以降低受伤概率。这类配速跑很容易注意力不集中，因此保持好的跑步姿态很关键。

目标： 按最大心率的50%～60%跑。

主体练习： 力求完成30分钟（针对短距离）至3小时（大铁）的匀速跑。

恢复方法： 在进行整理拉伸之前先做做轻松的慢跑（见74～75页）。

提高方法： 每次增加10%的距离，直至达到比赛距离。

益处： LSD可以增强有氧能力（使你的身体能够以更高的速率利用氧气），并更好地利用脂肪作为代谢燃料（见90～91页及160页）。

2 有氧耐力（Tempo）

Tempo练习要增加一些速度，这样会带来更多的节奏感。这种方式跑起来比LSD（长距离慢跑）要快，因此时间长了会让你感到疲劳。

目标： 按最大心率的60%～70%跑。

主体练习： 依次完成以下项目。

- 5分钟慢跑起步，加速到75%的努力程度；
- 保持这个速度15～20分钟，逐渐减速，完成5分钟轻松跑。

恢复方法： 除了做放松跑，还要进行一些肌肉充血练习。

提高方法： 努力增加你快速跑的时长（不超过1小时），并保证配速持久可控。

益处： 节奏跑给你更多的速度感，但同样也有助于提高有氧能力（见160页）。

3 阈值

阈值作为比赛强度的练习，可以帮助你提高跑步效率并在疲劳状态下保持正确的跑姿。

目标： 按照最大心率的70%～85%跑。

主体练习： 选择以下项目中的一种。

- （1～3）×15分钟跑，组间慢跑1分钟或等到心率降至130次/分；
- （2～4）×1英里（约1600米）跑，组间恢复跑1分钟，再正常慢跑1分钟或等心率降至130次/分；
- （1～3）×（10～12）分钟跑，组间慢跑1分钟或等心率降至130次/分。

恢复方法： 充血法（见74～75页）。

提高方法： 随着你逐渐适应高强度训练带来的不适，你的快速奔跑能力自然得到提高。

益处： 提升你对比赛配速的感觉和节奏，有利于消除乳酸的快速堆积（见160页）。

训练课样例

这张表示范了如何构建一个3～5区的训练课，而下面的等级则提供了跑步专项练习的一些选项。一旦知道了自己的长处和短处，你就可以调整自己的训练计划。可以参见122～123页有关基础训练期的每周训练课样本。

3级或更高	活动样例
热身	5～10分钟；见70～73页的轻松热身
主项前练习	5～10分钟；见73页体态矫正练习
主项	选择3～5区的一个主体练习项目；练习中留意距离和踏频
放松	等心率回落后，进行"充血"拉伸练习

4 最大摄氧量

这是一种高强度的训练，时长维持在6～12分钟。

目标： 按照最大心率的85%～96%跑；你在每组练习的前2分钟不应该感到明显的压力。

主体练习： 选择以下项目中的一种。

- （2～3）×（6～12）分钟；
- （8～12）×600米，组间400米慢跑；
- 2分钟，1分钟慢跑恢复/1分钟，30秒慢跑恢复/30秒，30秒慢跑恢复；以上过程重复4～6遍。

恢复方法： 使用和主体练习相同长度的时间用于放松。

提高方法： 当你水平和乳酸阈值提高时，尽力完成最多组数的练习。

益处： 提升你的跑步效率，提高最大氧耗和乳酸耐受力。

5 最大输出

这是为了提高步长、跑步效率和绝对速度的一项练习。

目标： 按照最大心率的96%～100%跑。避免在疲劳或姿势变形时继续训练。

主体练习： 首先你得充分热身（见48页上方的"自行车热身"），再进行以下项目练习。

- （10～16）×200米；
- （6～8）×400米，组间400米慢跑恢复；
- 200m，200米慢跑恢复/400米，400米慢跑恢复/600米，600米慢跑恢复；以上过程重复一遍。

恢复方法： 待身体完全恢复再进行下一次这种强度的练习。

提高方法： 增加每次短冲的配速，恢复时间不变。

益处： 提升你的力量和爆发力，对于比赛中的冲刺非常有帮助。

如果希望了解1～5级对应的训练水平和生理现象，可参见160～161页。

跑步能力测试

跑步会对关节产生很多应力，因此好的跑步技巧对于减轻身体的负担至关重要。在开始跑步训练之前，需要进行能力测试，并且在训练过程中定期评估，以了解进展。这可以保证你总能够在适当的强度下训练，避免过度训练带来的伤病以及训练不足带来的徘徊不前。

6.6

一个体重为70千克的跑步者在每分钟95步的步频下足部所承受的重量是6.6吨。

问答 自己的综合体能为什么这么重要？

综合体能会影响到你在所有运动项目中的表现，尤其是跑步，因为这是一项有强度的有氧项目。跑步需要健康的食品，对于初学者来说，第一件事应该是去做体验。在此之后，可以尝试做一下28～29页的基本能力测试。如果你的结果不是太好，也不要一开始把自己逼得太狠。记住，训练只有稳步推进才是最有效的，因此要从当下的水平逐步努力提升。

问答 如何了解自己的有氧能力？

可以通过最大摄氧量测试来评估你的有氧能力。最大摄氧量是指身体在运动中所能摄取的最大氧气值以及全力以赴时的摄氧量。该值越高，有氧能力越强。精英跑步选手的最大摄氧量通常很高。测评最大摄氧量的方法很多，从最简单的健身房器材评估到更科学准确的方法。如果希望了解自己的最大摄氧量，从而了解在特定运动中的潜力，就应该使用该项运动的针对性测试方法。例

如，79页中的跑步机测试及库伯12分钟跑测试就是针对跑步者的理想测试方法。通过相应的公式和158～161页的表格就可以了解到你当前的水平和最大摄氧量。还可以通过一系列在线的换算方法来估算最大摄氧量，只需要输入你的测试结果就能很快看到答案。每8～12周重新测试一次，你应该能看到自己水平的不断攀升。

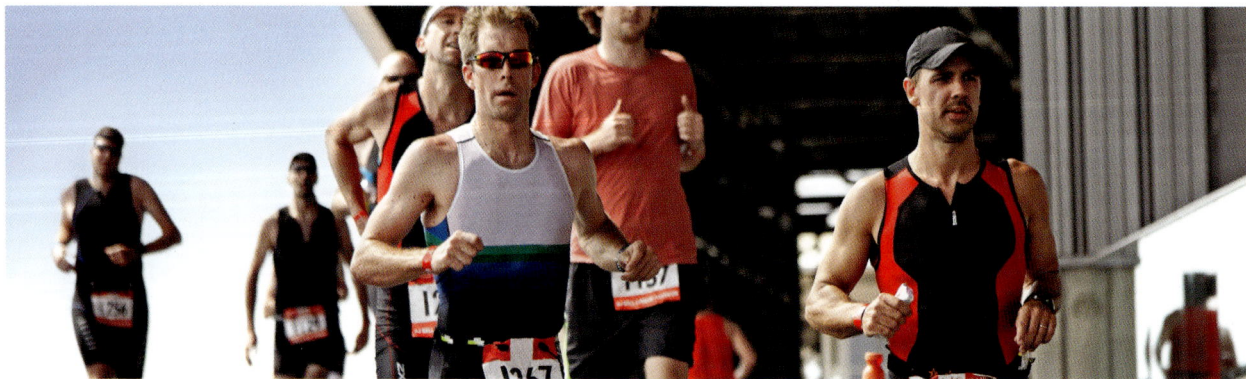

跑步机测试

这个简单测试使用绝大多数健身房里都配备了的跑步机来进行。大致就是按照一个固定的配速跑，每隔一分钟缓慢增加跑步机的坡度，直到你无法继续维持下去。为了能够安全地进行这个测试并得到可靠的结果，需要找一个助手来帮你增加坡度。

过程

1 热身 将跑步机设到11.3千米/小时的配速，坡度为零。在这个设置下热身大约10分钟。

2 开始测试 当你准备就绪时，就让你的助手按下开始键。让他根据下面的表格来每分钟逐渐增加坡度。

3 结束 当你无法继续进行时，示意你的助手停止跑步机，同时停止计时。

记录内容

顶尖男选手的最大摄氧量通常为60~90，顶尖女选手的最大摄氧量通常为50~80。普通男性的最大摄氧量通常在30~50，而普通女性为30~45（见158页）；当然，这一数值也与年龄有关。

时间（分钟）	0	1	2	3	4	5	6	7	8	9	10	11	12	13	14	15
坡度	0°	2°	4°	6°	8°	10°	11°	12°	13°	14°	15°	16°	17°	18°	19°	20°

最大摄氧量 = 2 + （时间* × 2）

*时间=以分钟计的总时间

库伯12分钟测试

这是1968年由有氧运动发明人肯库伯博士发明的一个测试方法。最佳场地是400米跑道，任何可记录距离的地方也都可以。如果没有GPS手表的话，可以找其他人协助计时。

过程

1 热身 热身10分钟，通知你的助手准备开始。

2 开始测试 出发，助手开始计时。每圈结束时，助手大声告知剩余时间。

3 结束 12分钟后结束，助手停表结束测试，记录距离。

记录内容

● 12分钟内的跑动距离。

如何评估？

12分钟内，大部分体能较好的男性可以跑2000米，女性大多数可以跑1700米（见159页）。

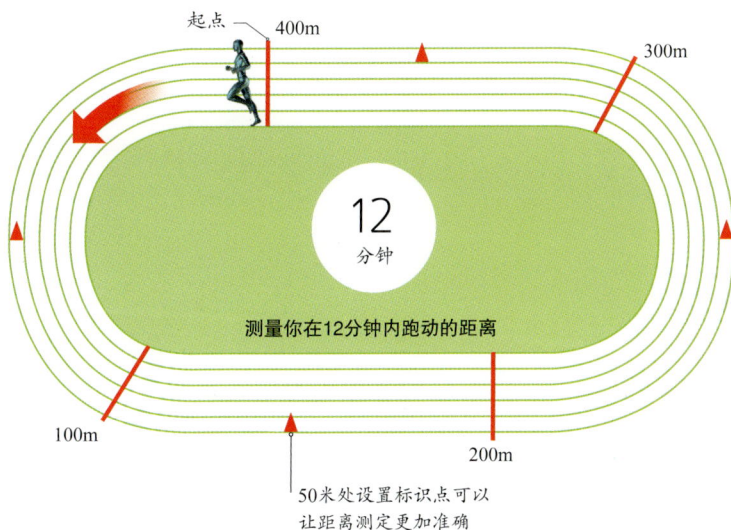

起点 400m

300m

12
分钟

测量你在12分钟内跑动的距离

100m

200m

50米处设置标识点可以让距离测定更加准确

最大摄氧量 = （22.351 × 千米数）-11.288

多样化的跑步

对训练而言，保证持续性极其关键，但在日常练习中，应增加训练的多样性，以避免枯燥。在训练计划当中增加一些有挑战性的训练课，不仅可以提高你的体能和力量，还能让你保持持续的激情。

> 66 经常在不同的路面上跑步，使你能够适应比赛日可能会遭遇的各种路况。99

成功要诀

骑后跑

当你骑完车开始跑步时，腿会感到像灌了铅似的，特别是在大铁人三项以及半程大铁这样的长距离赛事中。在骑车之后马上开始跑可以帮助你缩短长距离高强度骑行后找回跑步节奏的时间；同时也可以让你习惯于快速穿上跑鞋，从而减少比赛中的换项时间。在最初的几次骑后跑中，可能需要10~15分钟才能找到感觉，但随着练习次数增多，你就会感觉越发容易。

坡路跑

坡路跑是一种锻炼意志力和力量耐力（长达一定距离的阻力练习）的好方法，特别是对于长达数公里、坡度适中的长上坡练习。它可以强化跑步肌群——由于需要克服重力爬升，腿部肌群被迫收缩得比平时更快。在变化坡度路线上的坡路跑也是提高乳酸阈值的好方法（见160~161页）。跑上一个陡坡时，乳酸在你血液中快速堆积；而当坡度放缓你以比赛配速或略低于这一配速跑步时，乳酸开始消散。以乳酸阈值强度跑步可以让身体更有效地利用氧气并最终让你跑得更快。

法特莱克跑

法特莱克在瑞典语中是"速度游戏"的意思。在这种跑法中，按照不同的配速和强度进行练习，可以增加训练的多样性并提高耐力。举个例子：在30分钟的法特莱克跑中，你可以跑1分钟5级强度然后慢跑5分钟，再跑2分钟4级强度然后慢跑4分钟，以此类推（见76~77页）。你可以随心所欲地将慢跑和短冲相结合，各种强度和时长随意搭配，主要是让训练课变得多样化且轻松愉快。

鞋

无论你跑的是什么样的路况，都要确保选择一双合适的跑鞋。
- 场地——场地钉鞋或平底比赛鞋；
- 越野跑——越野钉鞋或平底越野鞋；
- 山跑——平底越野鞋；
- 路跑——训练鞋或平底比赛鞋；
- 沙地——赤足跑或轻质训练鞋；
- 山地——训练鞋或平底比赛鞋。

进步

随着训练的进行，可以在训练计划中加入一些有难度的练习。同时也要倾听自己身体的声音，逐渐把强度加上去。总而言之，要不断挑战自我，努力突破，同时也不要过于激进，每周增加的强度不要超过10%。

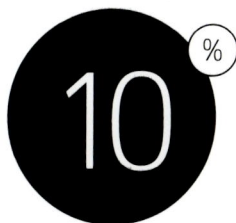

10%

为保证安全持续地进步，谨记10%的渐进原则。

有氧耐力训练

有氧耐力训练应按照选手能够舒服保持一小时的配速进行。这比你的门槛跑强度低，但是却比第一区（见76页）的强度高。努力保持一个稳定的节奏；一旦超过了这个强度，心率就会快速攀升。

亚索800

亚索800（由美国跑步者巴特·亚索创造）是一种间歇训练和体能测评方法。该理论认为你可以根据你跑800米间歇的时间来预测你的马拉松成绩或是大铁马拉松的成绩。例如，如果你可以按3分18秒跑完800米，可以预测你的马拉松成绩在3小时18分；更准确的预测需要你跑10个这样的800米。而你在这些800米之间的休息慢跑应该是用与间歇跑相同的时长。这其实并没有很严格的科学依据，而且预测结果确实有好有坏，但很多选手还是认为这是他们预测自己有氧能力和长距离跑步效率的一个好办法。

搬砖训练

搬砖训练是一种切换运动项目的训练形式，被用于模拟比赛日的体验，它可以让身体更适应快速的换项活动。赛前练习换项可以帮助你在比赛当天节省宝贵的时间。搬砖训练可以是游、骑练习或骑、跑练习，甚至是游、骑、跑三项结合。你可以随意组合三个项目的时间和强度，但建议最好还是根据自己下一场比赛来确定内容。

穿着

和你的游泳、骑行装备一样，你的跑步服装也应该舒服、轻质并且适合各类天气状况。选择合适的鞋对你的运动表现有很大的影响，因此应确保鞋袜大小合适，不要在比赛中磨出水泡。

15 %

平底比赛鞋比一般的训练鞋要少15%的缓冲。

问 答 | 可以穿普通衣服训练吗？

如果你的预算足够多，还是应该选择专业的跑步服装，因为这些衣服使用的高科技纤维材料可以将汗液湿气从皮肤表面排出（见55页）。可以穿普通的服装锻炼，但是应尽量避免穿棉质服装，因为它们吸汗之后会摩擦皮肤，造成酸痛和乳头流血。可以穿着双层跑步袜，以防磨出水泡；同样，也要避免穿棉质袜子。

对于女性而言，选择尺寸合适的运动内衣非常重要。跑步是项高冲击力的活动，支撑不足的内衣会导致背痛。

问 答 | 在热天应该穿什么？

在炎热天气里，你最好的选择就是T恤（背心）和短裤。如果无法确定温度到底有多高，那就先穿一件热身外套，这样可以在热的时候把它脱掉。应选择透气材质的跑步上衣，以便汗液快速离开皮肤。记得涂抹高防晒因子的防晒霜，同时戴上帽子和太阳镜。穿上透气材质的运动袜，可以避免足部被打湿。

问 答 | 在冷天应该穿什么？

在冷天跑步时，下身最好只穿一层裤子，因为腿会在跑步过程中产生热量。上身需要在最内层穿一件透气的衣服，外面穿一件保暖上衣。上身最好是长袖束身款式。在潮湿天气下，可以穿一件防水透气的夹克来促进潮气扩散。

由于热量会通过你的头部扩散，因此可以戴一个温暖的羊绒帽（或者头带来保持耳朵温暖）。在暴露的皮肤上涂抹凡士林可以防风和防寒，在天气晴朗时依旧需要涂抹防晒霜，因为你的皮肤在寒冷天气下也会遭受日光侵蚀。冬季的晚上更加黑暗，出门时记得穿带反光条的衣服。

问 答 | 需要穿缓冲好的训练鞋吗？

大部分落地姿势正确（见67页）的跑步者并不需要缓冲太好的训练鞋，因为他们足部的肌肉、肌腱、韧带和筋膜就提供了自然的支撑结构。但如果你的脚有问题或是你的步态不平衡，就需要找医学专家寻求建议了。足科医生或许能够给你推荐一些增强足部自然支撑的方法，从而避免使用器械矫形。

问 答 | 还需要做什么？

在训练环节应多练习能量胶补给和补水（见90~93页）。提前摸清你需要多少水和补给，这样会为比赛准备得更加充分（见142~145页）。可以用手握式水壶、运动腰包或马拉松背包来一边跑一边补水或补胶。在照明不好的路线上，可以带上悬挂便携式照明灯。

装备齐全的跑步者

好的跑步外套应该轻质、透气、束身。跑步服装可以兼顾时尚，但还是应该首先从功能性出发而非外观出发。

头带
保持耳朵温暖，头发不散落

内衬层
紧贴皮肤的衣服透湿性能要好

手套
手和脚是最容易受冻的部位，因为身体的热量更集中在核心区域

防水夹克
选择带拉链的透气面料，以便控制温度

紧身裤
保证透气性和贴身

训练鞋
跑步的冲击强度很大，因此选择合适的鞋很重要

选择跑鞋

我应该在哪里买鞋？

买鞋时需要去专业跑步用品商店找专业人士咨询。鞋子不仅仅要大小合适，而且还需要符合你的跑步类型及跑步强度。有些跑步用品商店还有跑步机便于专业人士观察分析你的步态。为了获得最准确的评估，你应该在跑完之后或者在傍晚去店里，因为脚在下午会大一些。当然也要记得穿上你平时跑步的运动袜。

我要怎样测试装备

舒适是非常关键的因素。穿着跑鞋正常走路你也应该会感觉到很舒服，不需要改变步态。合格的店铺会允许你穿着他们的鞋跑几步试的，确保鞋穿上不会感觉太紧也不会让脚在鞋里乱晃。一定要自己非常满意再买——穿着不舒服的鞋简直就是浪费。

平底鞋的奥秘

很多跑步者日常练习会穿着轻质训练鞋，比赛时穿超轻比赛鞋。平底比赛鞋是为快而设计的，只有很少的支撑和缓冲作用。尽管如此，这些鞋也需要正确的跑步动作来驾驭，否则可能会受伤——想要尝试这种鞋的跑步新手务必通过逐渐缩减鞋的缓冲厚度来逐步适应。

选择理想的训练鞋

轻质训练鞋是普通训练鞋和平底比赛鞋之间的中庸之选。读者可仔细研究下图中鞋的特征，确保买到合适的跑鞋。

鞋后跟柔软，不会摩擦跟腱

缓冲不多，不会磨损你的脚踝

鞋前端应当感觉贴合舒适——过度运动会造成水泡以及黑指甲

轻质，有弹性的后跟给你踏实的地面感受

较低的前后跟落差保证了自然的步态

如何起步

设定目标

在你开始跑步之前，应先明确自己的目标，这样，你的训练将因合理的规划和明确的目标而受益。如果你将换项也作为其中一项来学习的话，你的铁人三项练习就有了四项内容——这足以让任何人对目标感到困惑。一旦你在游泳、骑车、跑步三项中有了基本的体能基础，你就可以设定一些有挑战性、有激情的目标，当然，也必须是实际的目标。

> **要始终表明你的目标是积极的。不要说'不'，不要说'不可能'。设立目标不是为了列出你需要避免的坏的方面——而是为了明确你想要达到的好的方面。**

你的成功要诀

设定目标激励自己

设定目标是个很吓人的激励因素。诸如"我想要更健硕"这样的模糊目标很容易让你失去重点，因此需要一些明确的目标来奋进。写下具体的计划，把它们贴在你每天都能看见的地方。在你完成目标将它们勾掉的时候就能体会到巨大的满足感。

不断改变目标

可以将目标划分为三大类：成果性目标、表现性目标和过程目标。

成果性目标是那些最初激励我们的，但不能完全把握、不能保证可以实现的目标，比如，希望赢得一场比赛或是成为一名奥运选手。

表现性目标是在我们完全可控范围之内的目标：这是具体的目标，类似缩短用时、延长距离等，可以有针对性地提高。

最有帮助的是过程目标。这规划了你为实现表现性目标所希望做到的事情，例如，"我希望每周至少游3次泳"。

分散目标

为了让自己长期保持热情，应将目标按时间分散开，这样就可以有一系列的短期、中期和长期目标。

短期的目标可以很简单，如"我要设好闹钟，保证每周游泳两次"。

中期的目标，特别是基于运动表现性的目标，通常需要一两个阶段的训练。你可能需要多达两个月的时间来完成这样的挑战。

长期的目标是瞄准今后几年的目标：如果你刚刚开始玩铁人三项运动，那可能需要3年的时间才能充分掌握前面提到的4个项目。

明智目标

在设定目标之前，对照下面明智目标的标准进行评估。只有你的目标明智了，你才算是走对了方向。

	针对性	可衡量性	可实现性	相关性	时间明确性
标准	用明确不含糊的语言定义你的目标。你想要实现什么具体目标？你到底需要怎样做才能实现这一目标？	当你设定目标时，应确保有衡量你进步以及确认你达成目标的简单方法。	尽一切努力挑战自我，但目标要在你的能力范围以内，避免失望或受到打击。	每个目标都应该是为了帮你成为最好的铁人三项选手。中短期的目标都是为长期目标服务的。	对何时实现目标含混不清对你没有好处。给自己一个实际的期限并为之努力。
范例	每周完成两次游泳，早上五点半开始。 我要寻求教练指导提高划水技术。	我要以68%~78%的阈值功率，骑一个大铁人三项的距离。 我每周至少游7.5公里。	我要把频率每分钟提高5次。 我要将我的游泳用时缩短10%。	我要做阻力训练来提高跑步技术。 我要游长距离来提高我的耐力。	我要在三周内找到一位游泳教练。 我要在未来一个月内评估自己的骑行能力。

目标是自己的

　　设定目标要针对自己，而不要和别人比较，你是自己参加铁人三项比赛，因此设立目标要根据自己的情况。人都会犯错，如果你因为没有起得来床而错过游泳或差了一次训练，自责也只是浪费时间。给自己一个积极的暗示，重新设定目标，然后微笑着继续下去。

营养必需品

训练时配合正确的食物补给对于铁人三项选手获得成功极为重要。营养均衡的饮食可以提高运动员的表现力，帮助恢复，避免伤病。尽量选择健康和多样性的食物。如果你吃了很多有益健康的食物，你就不大会在高强度的训练课后还需要高卡路里的零食。计划好你的一日三餐，同时随时准备健康零食，保证能量供给充足。

如何饮食

● 少吃但保证一天内的血糖平衡。
● 选择低升糖指数（GI指数，见90~91页）的食物，选择健康未加工的零食，例如新鲜水果。
● 晚餐就着蔬菜和沙拉吃富含蛋白的食物。
● 少吃精加工食物，少饮酒。
● 如果要喝运动饮料，也要把其中的高糖含量纳入每日餐饮的计划安排中。
● 不要在不饿的时候乱吃。

维生素和矿物质

为了保证你的身体可以在最佳状态工作，应多吃富含维生素和矿物质的食物。健康均衡的饮食（89页）将为你提供身体所需的大部分维生素和矿物质，保证你有最佳的发挥，避免出现虚弱、疲劳和伤病现象。如果你因为过敏或宗教信仰问题不能吃某些食物，可以用营养品来代替，当然这也可以作为你正常饮食的一种补充而非替代。关键问题是保证饮食多样化；尽量多吃各类天然食物来保证摄入各种维生素和矿物质。如果对饮食还有疑问，可以咨询运动营养方面的专家。

营养	作用	推荐食物
钙	促进骨骼健康发育, 调节肌肉收缩, 促进凝血	乳制品, 绿叶蔬菜, 豆腐, 强化面粉, 大豆, 鱼骨（沙丁鱼及小银鱼）
铁	生成新生红细胞的关键元素, 为肌肉输送氧气	红瘦肉, 肝, 坚果, 菠菜等绿叶蔬菜, 糙米, 杏干, 黄豆
维生素D	维持骨骼和牙齿健康	日光浴; 鱼油, 乳制品, 鸡蛋, 强化早餐麦谷物
维生素E	保护细胞膜, 使细胞生长完好	绿叶蔬菜, 坚果, 种子, 谷物, 麦芽
叶酸	保证中枢神经健康, 与维生素B_{12}合用, 帮助红细胞生长	绿叶蔬菜, 西蓝花, 小洋白菜, 豌豆, 莴笋, 鹰嘴豆, 扁豆, 糙米, 柑橘类水果
钾	降低血压, 保证体液平衡	干豆, 坚果, 种子, 香蕉, 海产品, 火鸡或土鸡肉, 牛肉, 面包
维生素C	保持结缔组织和细胞健康	柑橘类水果, 浆果, 西蓝花, 小洋白菜, 土豆
锌	分解碳水化合物、脂肪和蛋白质, 帮助产生新细胞和酶, 促进伤口愈合	乳制品, 精肉, 贝类, 麦芽, 面包

健康饮食

当你安排吃什么的时候，你需要清楚自己维持健康和出色运动表现所需的营养量。这张图列出了你每天所需的几大主要食物种类的分量。

关键点 »

每日推荐量

- 面包、意大利面和其他谷类；
- 水果蔬菜；
- 牛奶和乳制品；
- 肉、鱼、蛋鸡，以及其他蛋白质来源；
- 含脂类和糖类的食物及饮料。
-

6~11 份　5+ 份　2~3 份　2~3 份　<1 份

关键事物类别

准备铁人三项比赛的关键就是遵循平衡的饮食规律，从而为你提供足够的能量。应当选择新鲜的天然食物，如水果、蔬菜、谷物、瘦肉等。确保你摄入足够的蛋白质（帮助肌肉修复）和铁元素（制造红细胞，帮助携带氧气）。鱼、坚果和油当中的健康脂肪也是非常好的能量来源。你不需要为铁人三项比赛而节食，但你需要合理安排饮食，选择那些能够提高运动表现的食物。

食物类别	优点	食物来源	每日摄入量
谷类和淀粉	为肌肉提供能量，减轻疲劳；帮助抑制饥饿，是能够帮你减轻体重的健康选择	粗粮，意大利面，面包，白吉饼，谷物；黑麦/细磨小麦饼干，红薯，藜麦，玉米粥	早餐、午餐都摄入中等量
水果	维生素的优质来源，帮助促进训练后的恢复，富含碳水化合物及纤维素	柑橘类水果（如橙子、酸橙、西柚、橘子），香蕉，浆果，甜瓜，猕猴桃	大量摄入：至少2~4份
蔬菜	提供碳水化合物、维生素和矿物质，尤其是维生素C、钾、镁和β-胡萝卜素	沙拉叶子，绿色食物如西蓝花、甘蓝、菠菜、辣椒（红、绿、黄），种类越丰富越好	和水果一样，大量摄入
蛋白质	富含氨基酸，促进肌肉生长和修复；深色肉类富含铁和锌	肉，禽，蛋，花生油，罐装豆子，鱼，豆腐	拳头大小量的鱼和豆腐，外加一个鸡蛋
乳制品	帮助强健骨骼，防止骨质疏松；富含蛋白质、钙、维生素D、钾、磷和核黄素	低脂牛奶，奶酪，酸奶	50~100g乳制品或奶酪，1~2杯牛奶
油脂	常见的优质脂肪富含欧米茄-3脂肪酸、欧米茄-6脂肪酸、欧米茄-9脂肪酸，它们对于免疫系统、神经活动和脑功能都有帮助，还能帮助身体代谢维生素	欧米茄-3脂肪酸：鱼油，蚌；欧米茄-6脂肪酸：胡桃，橄榄，向日葵，葡萄籽；欧米茄-9脂肪酸：杏仁，牛油果，橄榄，美洲山核桃	中等量的健康脂肪

能量补给

进行铁人三项训练时需要适时地补给能量；根据训练强度和持续时间的不同，你的身体需要摄入不同量的蛋白质、脂肪和碳水化合物。精加工的碳水化合物和含糖饮料可以让你快速兴奋起来，但它们也会扰乱血糖平衡，让你的胰岛素飙升。为了提升你的运动表现，应选择那些缓慢稳定释放能量的食物。

升糖指数知多少

一系列食物的升糖指数（GI）如下所示，范围从0～100，纯糖为100。

食物	GI
● 典型的能量饮料	94
● 香蕉	62
● 全麦面包	51
● 糙米	50
● 全麦意大利面	42
● 苹果	39
● 胡萝卜	35
● 扁豆	29

问——答 什么是胰岛素飙升？

当身体将碳水化合物转化为葡萄糖（一种功能的糖类化合物）的时候，胰腺会释放一种叫胰岛素的激素，它会将葡萄糖转运到你的细胞里。多余的葡萄糖会以糖原的形式储存在肌肉和肝脏里面（见91页）。绿叶蔬菜、豆类这种低升糖指数（GI）食物会比面包、意大利面这种高升糖指数的食物分解得更慢。高升糖指数的食物会造成血糖含量突增（见91页图表），如果需要储存的糖原过多，那么多出的部分就会被储存为脂肪。过高的血糖水平还会导致血液中胰岛素含量过高，从而抑制人体对脂肪的代谢。

问——答 怎样才能避免胰岛素飙升？

关键就在于要让自己变得更加"脂肪型"，在这个过程中，要训练自己的身体，使其更好地利用脂肪。可以通过在低强度水平（见160～161页）长时间训练来完成这个目标。同时，还需要减少高升糖指数食物的摄入，并增加对蛋白质和优质脂肪的摄入（在改变饮食之前可以咨询一下医生）。摄入糙米、藜麦和燕麦等低升糖指数的食物最终会让你变得更加强壮和健康。

问——答 这个过程有多困难？

要训练自己的身体利用脂肪，首先需要自律，特别是在你已经适应了高碳水化合物饮食的情况下。一旦你通过低强度区间训练变得适应脂肪代谢，就可以让身体慢慢学会在高强度区间代谢脂肪。这样耐力就能提升，你也会不那么依赖糖，从而遭遇低血糖（身体耗尽可利用能

升糖指数

高升糖指数的食物一般会给身体带来快速的"糖高峰"，但很快就会伴随着糖低谷，此时你的血糖水平迅速下降。一般而言，55及以下的升糖指数被定义为低，而70及以上的升糖指数被认为是高。

关键点 »

- 低升糖指数缓慢释放
- 高升糖指数快速释放

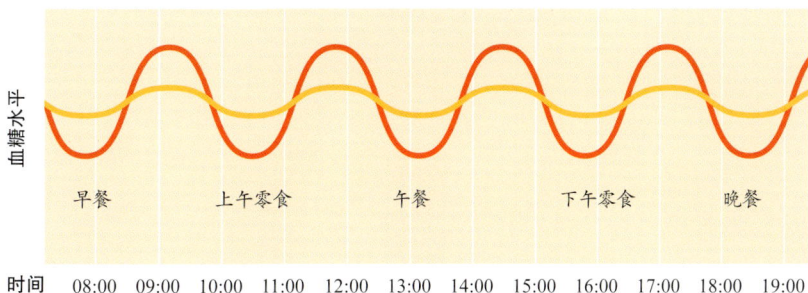

血糖水平

早餐　　上午零食　　午餐　　下午零食　　晚餐

时间　08:00　09:00　10:00　11:00　12:00　13:00　14:00　15:00　16:00　17:00　18:00　19:00

量的状态，见61页右侧）的可能性也越小。

问答　我需要多少卡路里（能量）？

普通人（非运动员）每日需要2000~2500卡路里热量。铁人三项选手一般需要更多热量来保证有效的训练以及避免疾病和疲劳。具体多少则要根据训练而定，因此如果有运动营养专家根据你的能量需求来提供饮食指导是最好不过的。这不仅仅是摄入多少热量的问题，更重要的是选择正确的食物来为训练提供补给。

问答　我需要吃补剂吗？

任何好的训练计划都应该有合理的食物摄取计划。特定的维生素、矿物质和其他补剂可以为你的健康饮食提供补充保障，但补剂本身不能够替代正常饮食。你可以咨询医生或正规认证的营养师来确保自己获得必要的均衡营养。

糖原和能量

碳水化合物是高强度训练和比赛的主要能源物质。当你吃进碳水化合物的时候，任何不被身体直接用作能量的葡萄糖都会被转化成糖原储存在肝脏和肌肉中。

大部分人能够储存2000千卡的糖原，这足够支撑90分钟的运动。人身体能够储存的糖原因人而异，但可以通过训练肌肉来增加其储备量。

如果你的糖原储备耗尽，你可能就会"撞墙"——这时身体突然用尽了全部可用的能量，你将感觉到极度疲劳。为了避免这种状况发生，赛前务必要充分补给储备能量；如果有必要，还可以通过运动饮料和能量胶进一步提升能量储备水平。

补水策略

训练中一定要保证及时补水；一旦你开始感到口渴，务必要喝水。水占据了体重的50%～60%，并协助完成很多生理过程，包括排汗维持体温等。运动时随身带瓶水，以便在自己需要时及时补充水分。

问
答

应如何避免脱水？

当你流汗时，你也会流失电解质（身体中储备的必要矿物质，例如钠、钾、锌）。当你感到口渴时，你可能正在开始脱水，这时应尽快补水。但是也要避免喝得太多，因为这会造成"运动性低钠血症"（EAH）——这是一种电解质的不平衡状态，严重时可能会有生命危险。所以一旦口渴就要喝水，但不要超过身体所需的水。

运动饮料

通常有3种类型的运动饮料可以帮助人们在运动中补水，它们都含有不同比例的水、碳水化合物以及电解质。应当确保自己在适当的时候摄入适当的运动饮料（并结合每日饮食计划计算热量摄入）。下表说明了何时饮用何种类型的运动饮料。

饮料类型	葡萄糖含量	目的	最佳饮用时机
低渗	2%	快速补充运动中流失的水分以及钠、钾等矿物质	炎热天气下或流汗过多时，运动前后及过程中都可饮用
等渗	4%～6%	补充长时间运动过程中流失的水和矿物质；内含果糖和葡萄糖，保证了碳水化合物的缓释和能量储备	运动过程中饮用。此类饮料含有与人体体液平衡相同的盐分比例，帮助人体维持运动中的碳水—电解质平衡。
高渗	10%以上	补充每日电解质摄入，为肌肉组织提供能量，可用作艰苦训练后的恢复饮料	运动之后饮用。高渗饮料的碳水化合物含量很高，运动时饮用可能会干扰体液平衡和人体的电解质吸收

你脱水了吗?

检查是否脱水最简单的办法就是用透明玻璃杯收集尿液并观察颜色。理想情况下,尿液应当是下图中的前三种颜色之一。如果尿液颜色更深,就需要尽快补充水分。

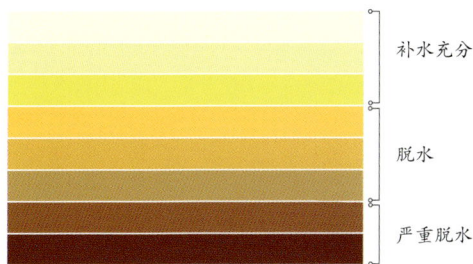

补水充分

脱水

严重脱水

问 | 如何保证电解质平衡?

答 比赛前一天,你可以在食物中添加少量的食盐(可咨询运动营养专家)。可以选择商业运动饮料,也可以在自己的水壶中添加半茶勺的海盐或食盐,以便平衡流汗时损失的电解质。

问 | 我需要防范什么?

答 如果出发前喝水太多,多余的水就会在你的胃里晃荡。其实,每15~20分钟拿水壶小吸3~4口水就足够了,平时训练时可以摸索适合自己的量。赛前的紧张状态会使你口干舌燥,然后会不知不觉喝下过多的水;应当先试着用水漱嘴然后吐掉,再喝下必要的水量。

问 | 我能喝咖啡吗?

答 咖啡因有兴奋作用,会给你能量;但它同时也是利尿剂,会让你频繁地产生尿意。最理想的方案就是减少三项比赛赛前一周的咖啡因摄入,然后在跑步过程中摄入含咖啡因的饮料——咖啡因对你比赛最后阶段有一定的促进作用。

体液补充和流失

人体可以通过多种方式摄入和排出液体。下图显示了体液摄入和流失的平均比例。

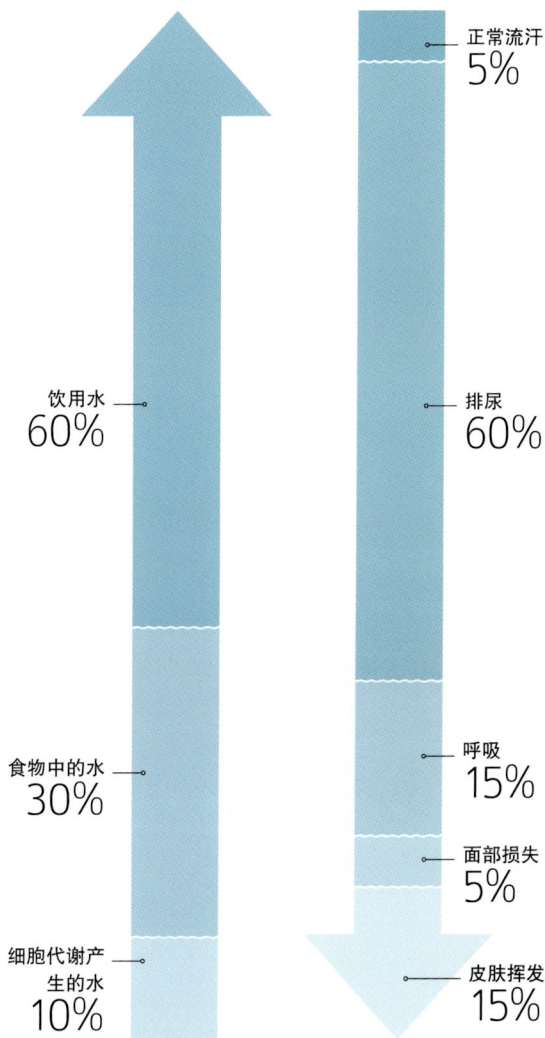

正常流汗 5%

饮用水 60%

排尿 60%

食物中的水 30%

呼吸 15%

面部损失 5%

细胞代谢产生的水 10%

皮肤挥发 15%

水分摄入

身体主要通过三种来源摄入水分:饮料、食物中的水、代谢水——身体代谢碳水化合物和脂肪时产生的水。

水分流失

身体会通过5种途径流失水分,流失速率会因空气湿度、温度以及训练强度和时长而变化。

力量与体适能

力量与体适能是所有铁人三项选手训练的重要组成部分，因为这可以改善身体的结构支撑，提高肌肉力量及耐力。但仅仅完成这些训练并不会造就一个更好的运动员，因此，同样要避免在健身房花费过多时间而占用游泳、骑车和跑步的时间。训练应该按照三个阶段来完成。

> 变得强壮对于每种运动都不过分，虚弱只会带来伤病和无力。对于女性和年长者而言，力量练习尤其重要。

第一阶段 基础

第一阶段是让身体做好准备，迎接即将到来的强度训练；这应该在赛季之前的6个月开始。在推荐的时间框架内，应尽可能多地完成高质量的重复训练。该样例图提供了一个起步阶段的时长，你可以在此基础上每周增加10%的时长。

上体练习
锻炼胸、颈、肩、臂肌肉——这对于游泳时引导身体的水中运动十分关键。

躯干练习
锻炼腹部到骨盆肌肉。这些肌肉相互协作，稳定脊椎，为手臂和腿提供坚实的基础。

下体练习
锻炼臀部和腿部肌肉，这对铁人三项所有项目都有着重要的作用，尤其是骑车和跑步。

全身练习
锻炼全身肌肉，同时调动多块肌肉，为铁人三项提供全方位的力量保证。

关键点 ►►

组数
表示一系列重复动作的数量，组间休息间隔——例如，两组五次的重复练习。

重复次数/延续时间
重复次数是指某种练习进行的次数；延续时间是某种练习重复或维持的时长。

间歇
练习组之间的恢复时长。

►► **计划目标: 力量和体适能准备**　　►► **计划长度: 6~12周，每周2~3次练习**

	练习项目	组数	次数/延续时间	间歇时长
01	脚踝负重站立停顿	1×	60秒	30秒
02	闭目站立平衡	1×	60秒	30秒
03	臀桥	1×	60秒	30秒
04	单腿臀桥	1×	30秒	30秒
05	侧向平板支撑	1×	30秒	30秒
06	基础平板支撑	1×	60秒	30秒
07	单腿罗马尼亚硬拉	1×	30秒	30秒
08	蚌式练习	1×	60秒	30秒
09	绕肩练习	1×	60秒	30秒
10	肩部内旋	1×	30秒	30秒
11	肩部外旋	1×	30秒	30秒
12	仰卧起坐	1×	30秒	30秒
13	鸟狗式	1×	60秒	30秒

01 脚踝负重站立停顿

铁人三项运动的每一项都会让你的臀和脚踝做前后运动，因此内收肌（向身体方向移动四肢）和外展肌（远离身体方向移动四肢）都会协助身体稳定平衡。

盯住固定一点来帮助平衡

1 左脚踝悬挂重物，竖直站立，手放在臀部两侧上方，两脚分开，与臀同宽。向外侧提起左腿，保持2~3秒。

提腿至离中心位置45度左右

2 缓慢并加以控制地移动左腿穿越身体前端至略偏右侧。保持2~3秒，然后再让脚返回地面。重复这一练习，每个位置保持2~3秒，累计60秒。更换重物悬挂腿，在另一侧重复该练习。

认真控制腿的运动

02 闭目站立平衡

这一练习可以提高你在沉重姿态下的稳定性和平衡能力——或"自我感知力"（你对身体各部位关系的感受）。

1 左腿脚踝位置系缚重物。竖直站立，两腿分开与臀同宽，闭上双眼。

两臂张开至身体两侧，辅助平衡

2 抬起左腿至臀高，同时靠支撑腿维系平衡。在此位置保持60秒，回到初始位置，然后右腿重复该动作。

躯干绷紧

身体重心放在右腿上

🛡 03 臀桥

搭建臀桥是重要的躯干稳定运动，可以激活臀肌。用手触摸检查腘绳肌是否处于放松状态，应当通过臀肌而不是腿部肌肉发力。

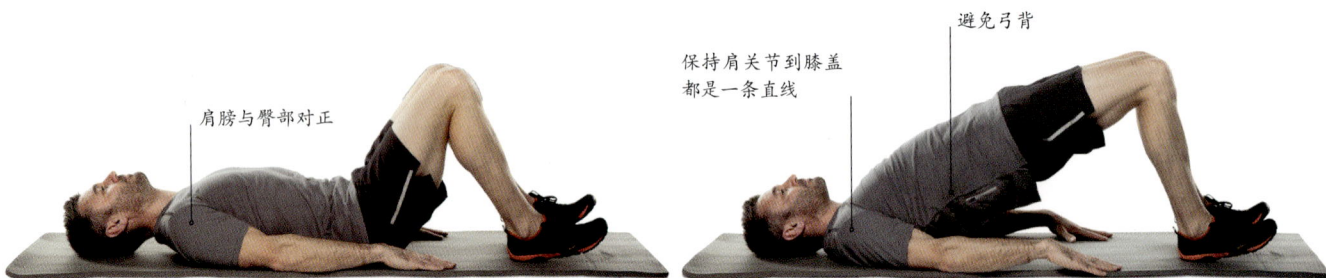

肩膀与臀部对正

保持肩关节到膝盖都是一条直线

避免弓背

1 背部平躺，膝盖弯曲至一定角度，脚跟着地，两腿分开，与臀同宽。两臂放在身体两侧，手掌向下。

2 绷紧躯干，缓慢将臀部从地面抬起，直到身体从膝盖到肩部呈一条直线。保持此姿势60秒，缓慢恢复到起始位置。

🛡 04 单腿臀桥

单腿支撑完成臀桥可以促使你控制骨盆的转动倾斜，确保你在完成动作时保证臀部水平，同时避免弓背。

脚跟着地

躯干绷紧

左右大腿保持90°夹角

绷紧身体，左膝到肩部呈一条直线

1 背部平躺，两脚分开，与臀同宽，膝盖弯曲至一定角度。两臂张开放在身体两侧，手掌朝下，向胸前抬起右腿，直至大腿相互呈90°角。

2 绷紧臀肌，将臀部抬离地面直至臀部完全伸展开。保持此姿势30秒，缓慢恢复到起始位置。在另一侧重复该练习，这次抬起左膝。

🛡 05 侧向平板支撑

这一练习可以强化躯干肌肉——脊椎周围的肌肉，下背部以及臀肌对于铁人三项运动都极其重要。练习中保持好的姿态对于正确地锻炼躯干肌肉至关重要。

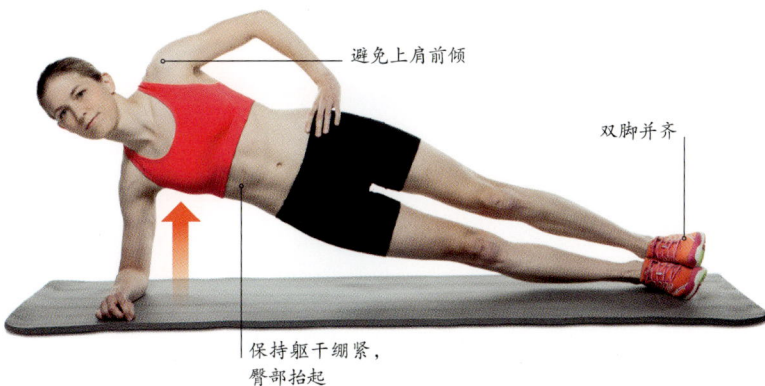

进阶练习

当你抬起臀部进入支撑姿势时，抬起左臂左腿直至身体呈星状，保持脊柱伸直。保持该姿势一定时间，再回到起始位置，并在另一侧重复。抬升胳膊和腿可以提高你的躯干稳定性，因为这需要你更努力地维持平衡。

抬起手臂并伸展开

保持臀部与肩部呈直线

保持躯干绷紧

保证两侧臀部对正，不下坠

避免上肩前倾

1 身体向右侧躺，用右前臂支撑抬起身体。伸直腿，保持脚并拢。确保右肘关节在肩部正下方并与你的臀部对齐，左手放在臀部上方。

避免上肩前倾

双脚并齐

保持躯干绷紧，臀部抬起

2 右肘向下用力推动臀部离开地面，确保你的胸腔抬起，双肩对正。保持脊柱伸直，与颈部对齐。保持该姿势30秒，有节奏地呼吸，并绷紧躯干。

保持躯干绷紧

3 将身体缓慢恢复到起始位置，在另一侧重复该动作。确保两侧练习时间相同，这样才能保证你的两侧力量均衡。

06 基础平板支撑

进行基础平板支撑可以加强最深层的腹肌，即腹横肌，这将为铁人三项的每个阶段提供关键的躯干支撑。

肩部与肘部上下对正

双腿分开，与臀同宽

小臂置于地面上

1 正趴在练习垫上，肘部位于双肩正下方，双手向前团在一起，脚尖上翻收于胫骨下方，眼睛盯住前方物体。

保持肩部，臀部和脚踝呈一条直线

绷紧臀肌

脚尖着地

小臂平放在地面上

2 绷紧躯干和臀肌，抬起身体，通过小臂和脚趾支撑体重，自然呼吸。集中精神，保持躯干和腿呈一条直线。

绷紧躯干

脚踝弯曲

3 保持这一姿势60秒，注意动作标准，臀部受力绷紧。控制身体缓慢回到起始位置。

07 单腿罗马尼亚硬拉

这一练习可以锻炼腘绳肌，腘绳肌是跑步需要的关键肌肉。开始时使用哑铃，熟练掌握后，可以增加重量并改用杠铃。

警示

做这一练习时使用正确的硬拉动作非常关键。千万不要弯曲脊柱：这不仅会没有练习效果，还有可能损伤脊柱。使用较轻重量标准的哑铃完成练习，如果条件允许可以咨询有资质的举重教练。

深呼吸

保持背部自上而下绷直

绷紧躯干肌肉

保持臀部收紧

屈身时屏住呼吸

保持膝盖弯曲 20°～30°角

1 身体直立，双脚分开，与臀同宽，右脚位置相对左脚往前半步。两手各执一只哑铃，保持正握姿势（见108页）。

2 腰部弯曲，臀部后翘，让哑铃接近右脚，右腿弯曲，左腿后抬以保持平衡。

呼吸并回到初始位置

保持膝盖弯曲角度

保持手臂伸直

3 尽可能放低哑铃到胫骨下端。保持这一姿势，再向前收起臀部，让上身回到初始位置，并放下腿。重复这一动作30秒，再换到另一侧。

🔵 08 蚌式练习

这个简单练习可以锻炼你的臀中肌，臀中肌是铁人三项里不断需要用到的肌肉，对于稳定臀部和膝盖至关重要。臀中肌是一块耐力肌肉，因此要进行长时间或多组数的练习才能体会到其益处。

阻力带

在膝盖外面加阻力带迫使你的肌肉客服更大的阻力；当你可以完成3分钟练习的时候，再换成更粗的阻力带来增加阻力。如果开始时发现这一练习太难，那就先不用阻力带。

脚与脊柱对齐

保持骨盆正直

保持肩部与臀部对正

保证你的双脚叠在一起

保证臀部前挺，一侧在另一侧上方

1 将阻力带环绕大腿一圈，身体向左侧躺，臀部和膝部都弯曲至90°，头靠在支起的左臂上，右臂弯曲，右手放在身体前面的地上。

2 绷紧躯干，通过转动臀部抬起右腿膝盖。尽可能抬高膝盖，但不要造成张力，然后缓慢放下，回到初始位置。重复该动作60秒，然后换到另一侧。

🟢 09 绕肩练习

这一练习用于增加三角肌的力量和耐力（三角肌是肩部的主肌群），对于游泳划臂至关重要。

进阶练习

为了让这一练习更具难度，增加转动时长（见94页）或在两臂上增加负重。

从肩部转动你的手臂

保持手臂高度，不要沉肩

直立站好，两腿分开，略宽于臀部，两臂外展保持在肩部高度。旋转你的双手，划出高尔夫球大小的圈。大概20分钟后，增加转动圈的尺寸到网球那么大，最后再增加到足球那么大的圈。

○ 10 肩部内旋

这一练习可以锻炼肩胛带的小肌群，即肌腱套，这可以帮助你在爬泳时保持肩部稳定。

保持头部正直前视

练习中始终保持腿部绷紧

左手自然置于臀部上方

1 站在一个皮带轮组侧面，皮带轮高度固定在腰部位置。右手紧握滑轮把手，手臂和胸部之间垫一个水瓶或叠起来的毛巾以维持正确的姿势。肘部弯曲90度并将手臂转向身体外侧。

2 保持肩部、臀部和脚在一条线上。拉动滑轮把手慢慢靠向身体中线位置，保持肘部紧靠在体侧。

3 将小臂弯到体前，保持肘部直角，缓慢回到初始位置。重复该动作30秒，再换到另一侧。

○ 11 肩部外旋

这个皮带轮不仅可以像上面所说的做内旋练习，也可以辅助肩部肌肉做远离身体的运动。

保持头部正直前视

保持肩部水平

手指环绕握紧把手

1 站在一个皮带轮组侧面，皮带轮高度固定在腰部位置。右手弯曲在体前，手握皮带轮把手。手臂和胸部之间垫一个水瓶或叠起来的毛巾，以维持正确的姿势。保持肩部、臀部和脚在一条线上，腿部始终绷紧。如果有必要，可以扶住门框来支撑。

2 从肘部弯曲紧靠身体开始，转动小臂远离身体。当你达到自己所能到的最大幅度后，控制动作缓慢回到初始位置。重复该动作30秒，再换到另一侧。

12 基础仰卧起坐

仰卧起坐是增强腹肌力量的有效练习方式。集中力量用躯干肌肉来带动身体，避免颈部用力过度。

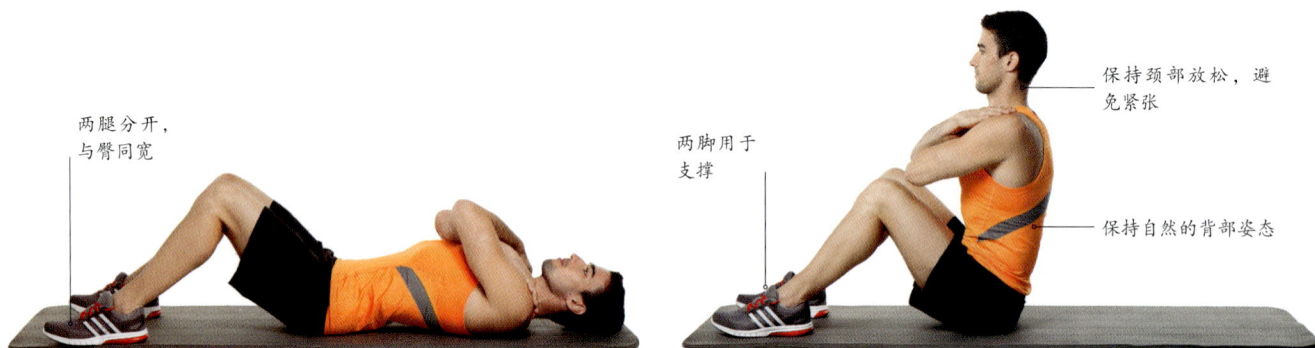

两腿分开，与臀同宽

两脚用于支撑

保持颈部放松，避免紧张

保持自然的背部姿态

1 背部平躺在地面上，膝盖弯曲，手臂交叉于胸前。动用躯干肌肉抬起上半身，臀部和脚靠紧地面。

2 动作结束时停顿，然后缓慢放低上身回到初始位置，躯干发力控制动作速率。重复练习30秒。

13 鸟狗式

这一练习可以调动你的躯干肌肉来保持身体稳定；它同样可以强化背部的肌肉（臀肌和竖脊肌）。

保持臀部和肩部齐平

保持后背平行于地面

1 四肢着地跪下，膝盖位于臀部正下方，手位于肩部正下方，平推地面，手指向前。保持脊柱处于自然姿势，头部与背部齐平，绷紧躯干肌肉。

2 抬起左手向前伸直，掌心向下。伸直右腿，向后抬起直至平行于地面，利用躯干肌肉发力保持身体稳定。保持片刻，再将手臂和腿放回初始位置。每侧练习60秒轮换。

第二阶段　冬季

在这一阶段，需要重点进行高负荷、高强度的练习，主要针对铁人三项中需要用到的主肌群：躯干部位的背阔肌、臀肌、股四头肌和腘绳肌。力求每周在前一周的基础上增加练习时间或增加练习组数。

≫ 项目目标: 增加力量和耐力　　　≫ 项目时长: 6~12周，每周2~3次练习

练习项目	组数	次数/延续时间	间歇时长
14 内收练习	1×	90秒	30秒
15 四肢着地字母式	1×	每侧1次	30秒
16 伏地挺身	1~3×	8次	1分钟
17 俯卧撑	1~3×	8次	1分钟
18 转体平板支撑	1×	60秒	30秒
19 弹力球仰卧起坐	1~3×	8次	30秒
20 基础挺举	1~3×	8次	1分钟
21 反握引体	1~3×	8次	1分钟

14 内收练习

内收练习可以锻炼腿内部肌肉以及另一条腿的外侧对抗肌肉。强化这部分肌肉可以提高跑步的稳定性并提高骑行过程中膝关节的方向性。

保持笔直的姿势

左右臀部对正，面朝前部

保持肩部水平，躯干不要扭动

保持腿部伸直，脚指向前方

1 把左踝关节绑定在滑轮机上。两腿分开站立，比肩略宽，手自然放在臀部位置。绷紧躯干，抬起左脚，并向左侧移动。

2 左腿回摆至体前位置，并进一步摆至身体右侧，但要避免碰到右腿。再让左腿回到左侧，注意控制动作避免碰到地面。重复练习90秒，再换到另一侧进行。

🎽 15 四肢着地字母式

这一练习基于鸟狗式（见102页），但新增的手部动作和腿部动作给躯干控制增加了更多的挑战。

保持臀部和肩部对齐

1 四肢着地跪下，膝盖位于臀部正下方，手位于肩部正下方，平推地面，手指向前。保持脊柱处于自然姿势，头部与背部齐平，绷紧躯干肌肉。

保持腿部笔直，用脚画出每个字母的笔画

以臀部为轴心移动腿

2 抬起左手向前伸直，掌心向下。伸直右腿，向后抬起直至平行于地面，利用躯干肌肉发力保持身体稳定。让右腿带动右脚在空中画出不同字母的笔画。回到初始位置，再换到另一侧进行。

进阶练习

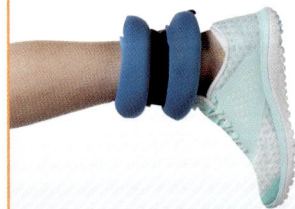

在你力量逐渐增强之后，试着让手脚同时在空中画字母。当你熟练掌握了这个动作以后，再尝试给脚踝增加负重。

🎽 16 伏地挺身

这一练习有利于强化骑车跑步中所需的腘绳肌。在你可以独立完成这一动作之前可能会需要一个同伴的帮助。保证姿势标准很重要。

两臂交叉放在胸前

绷直躯干

1 四肢着地跪在垫子上，让同伴向下压住你的脚踝（不要坐在上面），保证你从膝盖到肩部的躯干都绷紧伸直。

2 收紧腹部，并尽可能前倾，通过腘绳肌来控制身体，再通过收缩腘绳肌让身体回到竖直角度。

小技巧

如果你是独自训练，可以用脚钩住凳子或卧推杆来完成。

17 俯卧撑（足部支撑）

俯卧撑是最简单有效的提高肩部、手臂、胸部和躯干力量的练习。它的另一个好处是，它不需要任何器械就可以完成。做的过程中要保证动作到位。

1 面朝下趴着，两手分开，比肩略宽。踮起脚尖，两臂伸直支撑起身体，手指前伸。自始至终保持腿、上身和头部成一条直线。

通过脚跟发力保持腿部伸直

躯干绷直

手臂笔直

2 完成动作后在最高点停顿一下，然后慢慢放低身体直至接触地面；保持片刻，然后从肘部发力抬起身体，直到两臂伸直。自始至终保持脊柱处于自然状态。

肘部发力撑起

颈部角度保持不变

上身贴近地面

变化形式: 俯卧撑（膝盖支撑）

1 如果你发现做上面这种俯卧撑比较困难，就用膝盖做支点，手臂伸直，两手间的距离比肩略宽。

2 慢慢放低身体直至接触地面，保持片刻，然后从肘部发力抬起身体回到起始位置。

18 转体平板支撑

转体平板支撑是基础平板支撑（98页）和侧向平板支撑（97页）的进阶动作，它引入了转体动作来进一步增强躯干力量，这是对于游泳、骑车、跑步三项都很有用的力量练习。

两腿分开，与臀部同宽

双手扣在一起

1 面朝下趴着，肘部放在肩部下方，前臂放在地面上，双手合拢。

脚踝弯曲

保持身体呈直线

2 绷紧躯干和臀部肌肉，让身体抬起来，依靠前臂和脚尖来承担身体重量。平稳呼吸并保持良好姿态，保持躯干和腿呈一条直线。在保持臀部不动的情况下，微微抬起右肘。

保持肩部对称

保持躯干绷紧，臀部抬离地面

3 依靠左前臂和脚尖支撑，发力让身体离开地面并绕肩部和臀部旋转，直至身体朝向右侧。右手放在右臀部，保持1分钟。

脚尖发力抬起身体

绷紧臀肌

背部绷直

4 缓慢旋转身体回到平板支撑位置，再回到初始的姿态。然后，在身体另一侧重复这一动作。

19 弹力球仰卧起坐

这个动态练习会比基础的仰卧起坐更难，但它可以增强游泳中前伸和抓水阶段所需肌肉的力量。

小提示

如果没有搭档跟你配合，就把球往墙上扔，等它弹回来再抓住。

让搭档把球扔向你头部上方

注视你的搭档

躯干绷紧

双脚远离地面

保持头部远离地面并继续注视你的搭档

1 正坐在垫子上，脚离开地面，腿部弯曲呈直角，手臂张开。向后躺下的同时让你的搭档把球扔过来；起身双手向头顶伸出，抓住来球。

2 借助来球的惯性向后躺下直到后背触地，伸长胳膊放在脑后，直到球能碰到地面，暂停片刻。

3 像做仰卧起坐一样利用躯干带动上身离开地面，保持脚离开地面，手臂前伸。当球经过头顶时，把它扔向你的搭档，自己继续向前回到初始位置。

变化形式：V形仰卧起坐

手臂放在脑后躺下，两脚并拢。绷紧躯干，抬起上身，手臂前伸的同时腿部向胸口收起。停顿片刻，然后缓慢舒展回到起始位置。

手放松，不要造成背部紧张

膝盖并拢

躯干绷紧

肘部弯曲

利用躯干来操控身体的运动

🔵 20 基础挺举

这一爆发性练习非常难做，却对构建力量和稳定性大有裨益。这个版本的做法在抓举和挺举之间加入了一个短暂的停顿，以确保更安全、更易完成。

警示

请在安全可控的环境下完成这一系列动作。这套复杂动作对技术、平衡性以及协调能力有较高要求，因此要从小重量开始，先把技术动作练到完美，有可能的话，找一个合格的举重教练。比如，从体重15%的重量开始，每周增加10%的体重的重量。开始前务必检查自己的身体位置，保证其处于正确的姿态。后背要平直，肩部位于杆的正上方。

手脚位置

正确的位置是硬拉技术的关键；开始动作前务必检查一下细节。

脚的位置
两脚分开，比臀略宽，可以看到脚尖略伸出杆。

手的位置
用拇指找到杆上的纹理区域；双手对称分开，距离比肩略宽。

握法
手指绕握住杆，拇指扣在其他手指上面。

深呼吸，然后屏住气

胸部位于杆上方

后背保持平直

膝盖与脚保持在一条直线上

1 两脚分开，与臀同宽，背部伸直蹲下，臀部位置尽可能放低。握住杠铃，自脚跟起发力，臀肌和股四头肌用力，感受杠铃重量（不要用下背部发力）。

屏住呼吸

肘部抬到最高点处时开始降肘

4 用手向上带动，尽可能举起杠铃；然后降低肘部位置，放到杠铃下方。

抬杆时继续抬脚跟

屏住呼吸

肩部尽可能
久地保持在
杆上方

杆要靠近身体

确保膝盖不要内曲

杆要靠近身体

继续屏住呼吸

以脚尖为支点
站起身

2 臀肌和股四头肌发力向上拉动杠铃。开始时保持手臂伸直，当
杠铃越过膝盖位置时，开始曲肘。

3 用力伸直臀部、膝盖和脚踝，使杠铃靠近身体。肩部发力
上耸，用手臂抬起杆，肘部向外弯曲。

呼气

绷紧躯干，稳定身体

肘部前伸，固定
住杠铃

深呼吸，屏
住气

用上胸部和肩部
顶住杠铃

5 屈膝降低重心，
把杠架在胸口，
膝盖和脚始终保持在
一条直线上。

脚向外侧微
微分开

6 伸直腿以稳定姿势
站立，肘部前伸以
固定杠铃，保持后背
挺直绷紧。

向下用力，重心放
在脚掌上

见后页7~10步 »

屏住呼吸

躯干挺直绷紧

7 在保证杠铃贴住肩部的同时微微下蹲，腿和臀同时发力推动杠铃上举。这是挺举的过渡阶段。

膝盖位于同侧脚的正上方

将杠铃举过头顶，同时呼气

保持后背挺直

8 向上推举杠铃至头顶，最终伸直手臂，锁紧肘关节。腿蹬直，保持杠铃稳定。

通过臀部和腿部发力来完成这个动作

躯干肌肉绷紧稳定身体

9 解锁肘关节，逆向完成整个动作——将杠铃放回到胸口，再降到大腿位置，整个动作需控制杠铃紧贴身体。

10 自始至终保证躯干绷紧，身体前倾，膝盖弯曲回到初始的蹲立姿势，然后将杠铃放回地面。

眼睛前视，下巴放松

保持后背平直稳定

21 反握引体

该练习是增强背阔肌力量最有效的练习之一，背阔肌是你游泳时抓水和拉水所需要用到的肌肉（见12～13页）。

掌心向后抓住杆

手臂完全伸展

1 手臂张开，与肩同宽，牢牢抓住杆；缓缓降低身体，直到手臂完全伸直。

保持肩部朝后

向上拉动身体

2 肘部和肩部弯曲发力，将身体从悬垂位置拉高至下巴超越杆的高度。控制好躯干运动，不要通过甩腿或撅臀部来借力，否则将弱化其对上肢的练习效果。

拉高身体至下巴超过手的高度

保持胸部向前贴

保持腿部与躯干呈一条直线

3 到达最高位置后停顿一下，然后开始缓缓降低身体位置。眼睛盯着正前方，身体回到开始位置，手臂完全伸直。

变化形式

使用阻力带可以抵抗部分体重，从而协助你完成更多的次数。将一条足够长的阻力带系在杆中间，在膝关节附近绕一圈。使用手掌向前的正握手法（见右图）可以更多地锻炼肱三头肌。缩短握距可以更好地锻炼肩部的小肌群，增加握距则可以更多地锻炼背阔肌。

第三阶段　准备

在你开始第三阶段时，身体应当已经明显强壮了很多，能够应对更高强度的游泳、骑车和跑步练习。第三阶段将帮助你保持力量水平，同时积极地为比赛做准备。评估你的训练表现，找出其中存在的薄弱环节进行完善。

➤➤ 项目目标：准备比赛，保持力量和耐力，完善薄弱环节　　➤➤ 项目时长：6~12周，每周2~3次

	练习项目	组数	次数/延续时间	间歇时长
20	基础挺举（108~110页）	1~3×	12次	3分钟
21	弹力带辅助引体（111页）	1×	30次	3分钟
19	弹力球仰卧起坐（107页）	1×	30次	30秒
22	单腿跳蹲	1×	每侧30次	3分钟
02	转体平板支撑	1×	每侧60秒	30秒
23	伏地挺身接快速俯卧撑	1×	30次	3分钟
24	卧式挺身	1×	15次	3分钟

22 单腿跳蹲

这一练习通过两条腿的分开练习来解决平衡性问题。如果你已经能把基础的技术动作做好了，可以增加一些重量来进一步提升力量和耐力。

66 思考的问题：自己需要更强壮还是需要提升耐力？ 99

眼睛前视，不要往下看

保持上体笔直

右膝与右脚保持在一条线上，但右膝不要向前超过右脚位置

左膝不要碰到地面

保持左腿放松

手指可以触地，协助保持平衡

1 找一个与膝盖高度相当的平台，左腿向后搭在上面，手臂自然悬垂在身体两侧。

2 深呼吸，右腿屈膝呈弓箭步，臀肌、股四头肌和腘绳肌发力。

3 右腿发力把身体抬起来；站直身体后，呼气并通过右腿蹬地做小幅跳跃；之后回到弓箭步姿势。重复该动作30次，然后换另一侧进行练习。

🏋 23 伏地挺身接快速俯卧撑

与伏地挺身（104页）相似，你可以找寻搭档协助或是借助固定物来完成这个动作。最好是先找个搭档，这样他可以检查和纠正你的动作。

双手准备好落地

腘绳肌发力完成动作

双手承担身体重量

1 身体正直跪在垫子上，让搭档压住你的脚踝来稳定小腿。使自己从膝盖到肩部呈一条直线。绷紧腘绳肌和腹肌的同时尽可能前倾。

2 通过腘绳肌控制身体的前倾，当其力量无法控制身体倒下时，双手触地；做俯卧撑推起身体，腘绳肌和躯干同时发力，回到开始的直立位置。

🏋 24 卧式挺身

这个动作是狗鸟式（102页）和四肢着地字母式（104页）的进阶练习，同时还加入了躯干的稳定性练习。

手指和脚尖轻轻点地

绷紧下背和臀部肌肉

手指和脚尖完全向外伸展开

1 面朝下趴在凳子上，保持身体平衡。两腿分开，与臀同宽，两手向前向外张开。

2 绷紧躯干，缓慢抬起手臂和腿，举到半空中。这个姿势保持2~3秒后缓慢回到起始位置，手指和脚轻轻点地后马上进行下一次动作。

个性化训练

训练原则

5P（Planning and Preparation Prevent Poor Performance，做好训练计划并防止低效训练）原则对于铁人三项训练尤其适用。当你准备迎接铁人三项的挑战时，制订好训练计划是最重要的工作内容。制订训练计划时遵循一些基本原则，可以为自己实现完赛目标夯实基础。

10 %

每周相对于上周在训练时间（距离）上最合适的增幅是10%。

成功法则

投入地训练

投入对训练至关重要。在心情舒畅或太阳初升时每个人都喜欢运动，但是否有韧性应对糟糕的心情或天气才是成功的关键。人总有感觉不太好或者受伤的时候，所以要充分利用好每一天的训练。

有针对性地训练

如果想掌握游泳技巧，那就多游；如果想骑车爬山时表现得更好，那就多骑；如果想跑得更快，那就多跑。仅仅依靠健身房举重或猛做仰卧起坐，你永远不会成为好的游泳者、骑手或者跑步者。铁人三项爱好者应该清楚认识到参与铁人三项运动应有的训练要求。

循序渐进

要不断关注训练量，确保训练量是缓慢地增加的。从30分钟的跑步量一下过渡到90分钟的跑步量，很有可能会受伤，从而让整个训练计划受到影响。同理，如果忽然让周训练时间加倍，比如从10小时变到20小时，反而会使身体变得脆弱，更容易生病。相对于上一周的训练量，每周理想的增幅大约是10%。如果遵循这样的原则，我们会获得长足的进步。

训练内容

对于休闲式的游泳、骑车或者跑步，逐步增加配速就足够了。但对于3区及以上强度的训练，需要划分更多等级，以使得训练效果最大化并降低受伤风险。按照以下四个阶段进行训练安排，可以使我们收获更多。

热身	运动初期	主项	整理放松
热身时运动强度要低，它可以促进关节滑液释放，减少关节磨损。热身也能让心率提高到一定水平，让肌肉充血。	在热身完成之后开始正式训练之前，可以针对主项进行一些演练，或者来几个短距离冲刺。	训练的主项取决于自己的训练目标或者弱项。比赛临近时还可以制订更有针对性的主项训练计划，比如，参加一门私人定制的课程。	训练完之后，身体需要恢复正常。游完泳后可以轻松地跑几圈；如果是骑自行车，就可以放松骑行10分钟；跑完步后可以尝试排酸跑（74~75页）。

用进废退原则

健身的成果都是可逆的：一旦不再训练或一阵子不训炼，以前任何训练取得的成绩都会付之东流。所以一定要确保足够的训练量，这样才能保持好运动状态并取得进步。

训练生活平衡原则

在不对工作、家庭和交际造成负面影响的前提下，看看自己每周能保证多长时间的训练。在训练之前，还要弄清楚自己什么时候适合训练，是属于"早鸟"型还是"夜猫子"型？训练时间是否会影响日常生活？为了不给自己带来不必要的麻烦，且让周围人对你的训练都不反感，那就需要尽可能让训练计划与日常生活保持协调。

坚持记录原则

训练日志可以让我们很容易想起哪些训练或哪些阶段很痛苦或者很享受。但如果不写训练日志，这些训练细节很容易忘记。日志反映了自己以前如何努力、如何坚持、如何进步，这有很好的激励作用。可以把日志写得尽量详细，但只要记录下训练内容、训练时间以及训练前后的感受，就足以起到鼓舞士气的作用了（见132~133页）。

能力分析

　　一个人越了解自己的运动水平，就越能制订出符合自己需求的训练计划。个人能力分析就是要评估运动者的强弱项，并且反映出其作为"打铁者"处于什么水平。无论是简单还是复杂的分析结果，都可以从中找出自己的弱项。然后，利用这样的结果就可以制订专门消除弱项的训练计划。

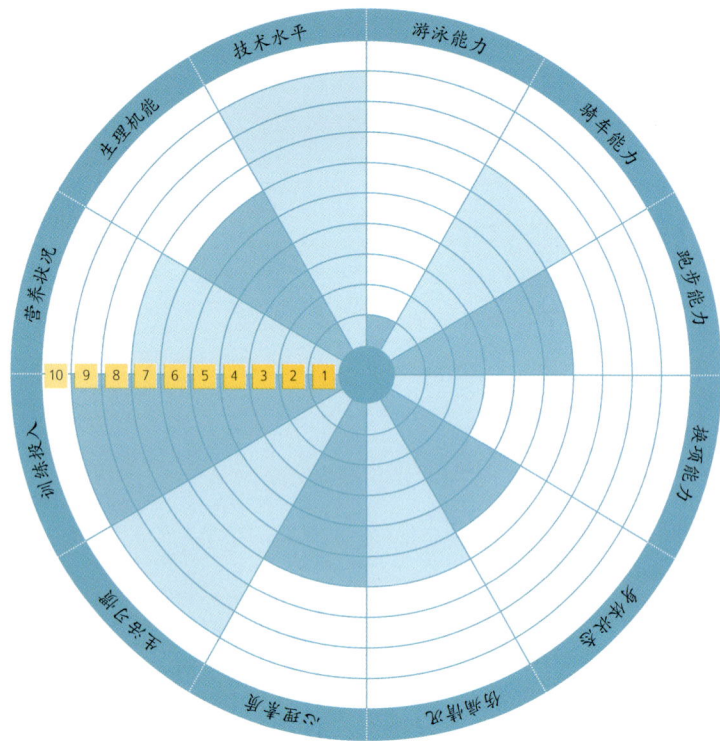

强项与弱项

　　如果你定期评估自己的铁人三项能力（见28～29页、50～51页以及78～79页），就可以很好地进行统计分析，参照表格评估自己的表现。能够用于能力分析的指标很多，可以根据自身情况随意添加，但这里所讲的12个指标应该最能体现训练者的个人能力。打分时如果大部分指标得分都非常低，请不要气馁，毕竟训练的目的就是进步。6个月之后回头看，大家一般都会因为进步而欢欣鼓舞。

　　通过打分，可以很好地展现个人能力，尤其对那些有骑车或跑步经历的新人，但对于游泳者似乎不太适用。下面的清单很好地说明了如何对各部分内容进行评估，并在各项后面给出了一个典型新手的评分。

评分标准：

1 =差

10 =最优秀（在所在年龄组或级别中）

游泳能力： 精英运动员可以与世界最厉害的人比，但一般人只需要在各自年龄组比较打分即可。（示例得分：1/10）

骑车能力： 在同年龄组里比较打分。（7/10）

跑步能力： 在同年龄组里比较打分。（6/10）

换项能力： 在同龄人中，游泳与骑车以及骑车与跑步之间的换项是否迅速、流畅？（3/10）

身体状态： 训练和比赛时，身体各部分表现如何？（5/10）

伤痛情况： 受伤频率高吗？（6/10）

心理素质： 如何应对"无人之境"？（6/10）

生活习惯： 睡眠质量高吗？生活愉快吗？压力大吗？（9/10）

训练投入： 每日的训练计划执行情况如何？（9/10）

营养状况： 饮食是否健康？是否对身体的营养状况和补水情况有很好的理解？（7/10）

生理机能： 比如，身体最大摄氧量如何？参照79页的测试并通过158～159页的表格在年龄组里比较打分。（6/10）

技术水平： 是否测了自己的功率和频率并用于分析？是否了解自行车部件和传动原理？自行车维护能力如何？（9/10）

能力拆分

一旦完成了能力分析，清楚了自己的水平，就可以把每个项目分解成一个个单一的技巧和能力。

游泳
- 划臂周期/技术
- 冲刺能力
- 绕过浮标的能力
- 踩水和漂浮能力
- "鳄鱼眼"
- 速度判断
- 耐力
- 健康与伤病比例
- 摆脱困境能力
- 出水
- 换项

骑车
- 骑行技术与节奏
- 计时赛
- 弯道技术
- 耐力
- 爬坡能力
- 速度判断
- 专注力
- 健康与伤病比例
- 自行车部件
- 自行车维修保养

跑步
- 跑步技术与步频
- 耐力
- 跑坡能力
- 速度判断
- 应对"无人之境"
- 专注力
- 冲刺能力
- 健康与伤病比例

❝ 选择哪些指标进行能力分析完全取决于自己。每个人都有弱项；针对自己的弱项进行训练，直到它们不再是自己进步的绊脚石。❞

制订训练计划

　　无论是精英运动员，还是彻头彻尾的初学者，制订铁人三项训练计划的方法都一样：一开始就要先设定好目标，然后再反过来制订计划。目标可以是达到身边某个"铁人"的水平，或者是夏季想要参加的几个铁人三项比赛。不管是什么目标，一定要事先设定好。

6

适应一项新技术或动作平均需要6周。

成功要诀

选择属于自己的A级比赛

　　在铁人三项界，自己专注准备来参加的比赛被称为A级比赛。好好规划和控制自己的运动状态，并在比赛前精心安排减量（见138~139页），让自己在比赛那天的状态达到峰值。B级比赛和A级比赛类似，只是减量的时间更短，B级比赛就可以当作日常训练看待了。确定好自己的A级比赛，然后向前倒推来安排训练计划。

休息与恢复

　　训练时，一定要让自己的身体适应新的体能要求，而这个适应过程往往出现在恢复期。所以在训练计划里，每周至少有一天是休息日，每四周需要有一个恢复周。恢复周并不是停止所有训练，而是将每次的运动量减少到前一周的50%~60%，同时确保3天是休息日。

基础训练阶段

　　不要急于在基础训练阶段提高速度或增加运动时间，而应该尽可能多地掌握动作要领。既然比赛也不是马上就要来临，那就更应该让自己放松，专注于游泳、跑步和骑车的动作要领，解决那些阻碍自己的问题，养成良好的习惯。在训练强度加大时，要适应身体的脂肪代谢（脂肪被当作运动能量动力）。在8~12周的时间里，让自己从1区（容易）过渡到2区和3区（见160~161页）。这样就再也不会惧怕冬训了，而是充满能量与激情。122~123页给出了一个基础训练计划的例子。

赛事安排

在进行赛季安排时一定要首先考虑A级比赛计划。考虑的因素包括时间、难度、目标及自身能力等。不管哪一个级别的运动员，为了让自己比赛时发挥最佳水平，都需要经历三个基本的训练阶段：基础训练期、冬训期和比赛准备期。每个阶段大概8~12周。作为例子，关于短距离铁人三项赛、奥运会标铁比赛、半程大铁比赛以及大铁比赛的训练计划，可见本书第124~131页。

比赛类型	目标
A	对于赛季的主要比赛，必须精心设计训练计划，每个训练阶段的目的都是让自己在比赛日有最好的发挥。
B	这类赛事主要用于测试自己的锻炼效果。相对于A类赛事，这类赛事赛前的调整减量相对少一些，可以安排在主赛事之前或之后。
C	这类赛事比较随意，以趣味性为主。需要努力才能完成，但不用太计较完赛时间。可以把这类比赛当作一种综合训练（将游泳、骑车和跑步结合起来的一种训练），安排在赛季初期或者末期。

冬训期

这属于训练的第二阶段，训练的各个方面都需要努力，尤其是针对半程大铁比赛以及大铁比赛。在大多数国家，本阶段的训练安排在冬季。在北半球严寒的冬季，户外训练是需要勇气的，但我们可以这样想：每次在糟糕环境下的训练都让自己的内心更加强大，可以更加游刃有余地应对艰难的比赛。

训练过程中关于训练量的增加，不要忘记10%增量的原则（见116页）。一定不要让自己在进入比赛准备期之前就筋疲力尽，而是应该兴奋地进入下一阶段的赛季专项训练。

比赛准备期

在离A级比赛还有12周时，可以对自己的能力重新进行评估，分析自己的强项和弱项（见118~119页）。本阶段要对训练内容有一个优先级排序，适当减量，在A级比赛前把自己的身心调整到最佳状态。这是个性化训练（见116页）真正发挥作用的地方。

- 短距离铁人三项赛：优先进行力量、最大摄氧量（见78~79页）和最大输出功率练习。
- 标铁比赛：优先进行力量、耐力和最大摄氧量练习。
- 半程大铁比赛：优先进行耐力、爆发力和少量最大摄氧量练习。
- 大铁比赛：优先进行骑自行车的耐力和爆发力训练。

训练要从身体实际情况出发，如果处于生病状态或有伤痛，一定要缓慢恢复到正常训练状态，对自己的身体保持敏感而警惕。一个星期不训练不会有太大影响，所以不要急于恢复正常训练强度，否则有可能旧病复发。要学会根据实际情况调整自己的训练计划。

保持期

为了A级比赛，必须艰苦训练、健康饮食，并放弃一些应酬。当比赛结束后，可以适当放松奖励一下自己，但务必保持运动状态。如果赛后一直保持健走或者休闲式游泳，就会有更好的状态再次面对高强度训练。很多精英运动员遵循如下简单的规律。

- 第一天：游泳
- 第二天：游泳+骑车
- 第三天：游泳+骑车+跑步

保持低强度训练，不要给自己压力，尤其在标铁比赛之后。在大铁比赛后要注意观察自己的身体，比赛对身体的影响有时需要过一阵子才能完全感觉得到。然后重新评估自己的运动能力，关注动作要领和技术，再对下一场比赛做好训练计划。如果后面没有安排其他比赛，那就轻松愉悦地等待赛季结束，再好好准备下一个赛季。

基础训练计划

在进行比赛（短距离铁人三项赛、标铁比赛、半程大铁比赛以及大铁比赛）的专项训练之前，需要有8~12周的基础训练期。第123页给出了一个基础训练计划的示例，主要针对动作技术、力量以及整体素质。这有助于防止在之后的训练中受伤。

重要提示 »

对下一页基础训练计划中涉及的训练内容和强度，可以在相应页面找到更多信息。

游泳训练：20~27页；

骑行训练：46~49页；

跑步训练：68~77页；

力量与体适能训练：94~102页；

强度区间：160~161页；

分解练习：见本章前面的内容。

基础训练主要内容

每年的铁人三项训练都是一个逐渐积累的过程，需要一点点地进步，这样才能防止前几个月的过度训练。作为赛季外的基础训练阶段，训练应该相对轻松，将重点放在游泳、骑车和跑步的动作技巧上，练习动作要领，进行运动热身以及力量与体适能训练。

1 **运动经济性** 尽量让自己身体运动的效率更高，相同速度时消耗的氧气量最少。

2 **动作实践** 当自己的技术动作发生较大改进时，一定要持续关注并尽量多地反复实践。一般的动作改进需要6周的适应期（确保每周至少3次的运动量）。

3 **循序渐进** 在安排基础训练时，需要让训练水平逐步提高，包括运动量、强度、频率等。可以从下一页基础训练计划的前四周就开始尝试，注意每周增加的运动量不要超过10%。

4 **能力分析** 对于任何训练计划，都要根据自身能力量体裁衣。知道自身极限在哪里非常重要，这可以让你免于生病或受伤。基础训练有助于评估个人的运动能力，并逐渐强化自身能力。

5 **适应脂肪代谢** 通过运动与饮食相结合的训练方式，让身体学会利用体内脂肪（见90~91页），以脂肪代谢作为能量的来源。要尽早开展这项训练，这会使你在之后的强化训练时表现得更加出色。

周/时间段		星期一	星期二	星期三	星期四	星期五	星期六	星期日	总时间
1	上午	游泳1~2区，30分钟，分解练习	骑车2区，45分钟，分解练习	游泳2区，40分钟	骑车2区，40分钟	休息日	游泳1~2区，40分钟	骑车1~2区，90分钟	约8小时
	下午	跑步2区，20分钟热身+10个30秒冲刺	力量与体适能一阶段，30分钟	跑步2区，45分钟	力量与体适能一阶段，30分钟		跑步1~2区，40分钟		
2	上午	游泳1~2区，30分钟，分解练习	骑车2区，45分钟，分解练习	游泳2区，40分钟	骑车2区，40分钟	休息日	游泳1~2区，45分钟	骑车1~2区，105分钟	约8.5小时
	下午	跑步2区，20分钟热身，15个30秒冲刺	力量与体适能一阶段，30分钟	跑步3区，45分钟	力量与体适能一阶段，30分钟		跑步1~2区，40分钟		
3	上午	游泳1~2区，30分钟，分解练习	骑车2区，45分钟，分解练习	游泳2区，40分钟	骑车2区，40分钟	休息日	游泳1~2区，60分钟	骑车1区，2小时	约9小时
	下午	跑步2区，20分钟热身，10个45秒冲刺	力量与体适能一阶段，30分钟	跑步3区，45分钟	力量与体适能一阶段，30分钟		跑步1~2区，50分钟		
4	上午	休息日	骑车2区，30分钟，转入跑步20分钟	游泳2区，40分钟	骑车3区，40分钟	休息日	游泳1~2区，40分钟	休息日	约5小时
	下午		力量与体适能一阶段，30分钟	跑步3区，45分钟	力量与体适能一阶段，30分钟		跑步1~2区，40分钟		

重复上述4周的训练2~3次，其间可逐渐增大运动量，但要遵守每周增量不超过10%的原则。

短距离铁人三项训练计划

重要提示 »

对下一页训练计划中涉及的内容，可以在相应页面找到更多信息。

游泳训练：20~27页；

骑行训练：46~49页；

跑步训练：68~77页；

力量与体适能训练：112~113页；

强度区间：160~161页；

分解练习：见本章前面的内容。

对于铁人三项运动的初学者，可以先尝试相对简单容易的短距离铁人三项比赛，其中包括750米游泳、20公里骑自行车以及5公里跑步。在短距离比赛中，运动强度会达到一个比较高的水平，让身体经历艰苦挑战，但各个单项隔不了多久也就能相继完成。如果短距离铁人三项运动是人生第一场铁人三项比赛，且目标仅仅是想完赛，那在准备训练中也无须超负荷训练，可以尝试下面的12个月训练计划。

训练强度

短距离铁人三项训练计划包括大部分4区或5区的高强度训练。一般来说，基础较好的人可以把运动强度提得更高，从而使完成比赛所用的时间更短，但同时身体也会产生更多的乳酸，且更容易受伤。高强度训练有助于提高身体乳酸阈值（见160~161页）。对于那些目标仅是完赛的铁人三项爱好者，没有必要进行那样的高强度训练。切记，这里给出的只是一个训练计划的例子，读者可以加以调整，以便适应自身的具体情况。

训练计划

为了降低受伤风险，在进行本训练计划之前最好进行122~123页介绍的基础训练。基础训练有助于消除技术弱项，这样可以在本阶段获益更多。对于那些已经有较高运动水平的铁人三项选手，可以更多地关注本阶段的强度训练，但一定要确保强度的循序渐进，不要忘记10%增量的原则（见116页）。

训练目标

精英运动员一般来说可以在1小时以内完成短距离铁人三项比赛，中等水平的业余选手可以在80分钟或者更多一些的时间内完成。对于第一次参加铁人三项比赛的爱好者，目标可能就是完成本阶段的训练计划并成功完赛。切记，比赛的竞争对手只有自己，参加比赛最重要的事情就是享受比赛的快乐。

周/时间段		星期一	星期二	星期三	星期四	星期五	星期六	星期日	总时间
1	上午	游泳4区，60分钟	骑车2区，45分钟，分解练习	游泳5区，60分钟	骑车3区，60分钟	休息日	游泳3区，40分钟	骑车1~2区，90分钟	约9.5小时
	下午	跑步5区，40分钟	力量与体适能，30分钟	跑步4区，60分钟	力量与体适能，30分钟		跑步1~2区，60分钟		
2	上午	游泳5区，60分钟，分解练习	骑车2区，45分钟，分解练习	游泳4区，60分钟	骑车3区，60分钟	休息日	游泳1~2区，40分钟	骑车3区，100分钟，跑步1区，10分钟	约9.5小时
	下午	跑步4区，45分钟	力量与体适能，30分钟	跑步5区，60分钟	力量与体适能，30分钟		跑步1~2区，40分钟		
3	上午	游泳1~2区，60分钟，分解练习	骑车2区，45分钟，分解练习	游泳4区，60分钟	骑车4区，60分钟	休息日	游泳3区，40分钟	骑车2区，100分钟，跑步1区，15分钟	约10小时
	下午	跑步5区，45分钟	力量与体适能，30分钟	跑步3区，60分钟	力量与体适能，30分钟		跑步1~2区，50分钟		
4 （恢复周）	上午	休息日	骑车4区，30分钟，跑步2区，20分钟	游泳2区，40分钟	骑车3区，40分钟	休息日	游泳5区，40分钟	休息日	约5小时
	下午		力量与体适能，30分钟	跑步3区，45分钟	力量与体适能，30分钟		越野跑步5区，40分钟		
5	上午	游泳4区，60分钟	骑车2区，45分钟，分解练习	游泳5区，60分钟	骑车3区，60分钟	休息日	游泳2~3区，40分钟	骑车2区，100分钟，跑步1区，15分钟	约10小时
	下午	跑步5区，40分钟	力量与体适能，30分钟	跑步3区，60分钟	力量与体适能，30分钟		跑步2区，50分钟		
6	上午	游泳2区，60分钟，分解练习	骑车2区，45分钟，分解练习	游泳4区，60分钟	骑车4区，60分钟	休息日	游泳1~2区，40分钟	骑车2区，110分钟，跑步1区，20分钟	约10.5小时
	下午	跑步5区，45分钟	力量与体适能，30分钟	跑步3区，60分钟	力量与体适能，30分钟		跑步2区，60分钟		
7	上午	游泳5区，60分钟	骑车2区，45分钟，分解练习	游泳4区，60分钟	骑车3区，60分钟	休息日	游泳3区，40分钟	骑车2区，110分钟，跑步1区，10分钟	约10.5小时
	下午	跑步5区，45分钟	力量与体适能，30分钟	跑步3区，60分钟	力量与体适能，30分钟		跑步2区，70分钟		
8 （恢复周）	上午	休息日	骑车4区，30分钟，跑步1区，20分钟	游泳2区，40分钟	骑车3区，40分钟	休息日	游泳5区，40分钟	休息日	约5小时
	下午		力量与体适能，30分钟	跑步3区，45分钟	力量与体适能，30分钟		越野跑步4区，40分钟		
9	上午	游泳5区，60分钟	骑车2区，45分钟，分解练习	游泳4区，60分钟	骑车4区，60分钟	休息日	游泳2区，60分钟	骑车2区，120分钟	约10.5小时
	下午	跑步4区，45分钟	力量与体适能，30分钟	跑步5区，60分钟	力量与体适能，30分钟		跑步1区，70分钟		
10	上午	游泳2~5区，60分钟	骑车2区，45分钟，分解练习	游泳2~3区，60分钟	骑车3~4区，60分钟	休息日	游泳1区，60分钟	骑车1区，90分钟，跑步2区过渡到3区，20分钟，5公里	约9小时
	下午	跑步4区，30分钟	力量与体适能，30分钟	跑步3区，45分钟	力量与体适能，30分钟		休息		
11	上午	游泳2~5区，60分钟	骑车2区，45分钟，分解练习	游泳2~3区，45分钟	骑车3~4区，40分钟	开始减量	游泳1区，60分钟	骑车1区，60分钟，跑步1区，5公里	约7小时
	下午	跑步4区，30分钟	力量与体适能；核心力量训练，15分钟	跑步3区，45分钟，比赛配速	力量与体适能；核心力量训练，10分钟	休息日	休息		
12 （恢复周）	上午	感觉累就休息，如果还好，就游泳40分钟	骑车2区，30分钟，跑步1区，20分钟	游泳2区，40分钟	骑车3区，40分钟	休息或轻松游泳20分钟	游泳1~3区，20分钟，骑车1~3区，30分钟	比赛日 游泳750米，骑车20公里，跑步5公里	约6小时
	下午		力量与体适能：核心力量训练，10分钟	跑步3区，45分钟	休息		跑步，1~3区，20分钟		

奥运距离铁人三项训练计划

1500米游泳、40公里自行车骑行以及10公里跑步构成的奥运距离铁人三项比赛（标铁）对很多运动员来说是最艰难的比赛，这会让选手的身体接近有氧运动极限，身心备受折磨。第127页给出了一个初级标铁训练计划的例子，可以帮助读者从容面对比赛的挑战。

重要提示 ››

对第127页训练计划中涉及的内容，可以在相应页面找到更多信息。

游泳训练： 20~27页；

骑行训练： 46~49页；

跑步训练： 68~77页；

力量与体适能训练： 112~113页；

强度区间： 160~161页；

分解练习： 见本章前面的内容。

训练强度

标铁训练可以很好地增强力量耐力，本训练计划与短距离铁人三项的情况类似，夹杂着不同强度的训练内容，无论是游泳、骑车还是跑步，需要的训练时间都比短距离铁人三项要长。

夯实基础

和短距离铁人三项一样，基础的身体素质对于备战标铁十分重要。如果是第一次参加奥运会标铁比赛，在进行本训练计划之前，最好先完成122~123页介绍的基础训练。基础阶段主要是掌握游泳、骑车和跑步的基本技术，在不受伤的前提下顺利取得进步。切记，第127页的训练计划仅是一个示例，读者可以根据自身具体情况加以调整。

训练目标

男子精英运动员一般来说可以在2小时以内完成标铁比赛，女子精英运动员也不会落后太多。中等水平的业余选手可以在2.5小时内完成。标铁不仅是身体耐力的考验，同时也是意志力的考验，所以节奏很关键；比赛距离并不短，还需要保证每阶段都有较好的速度。参赛者必须在长距离稳定输出与短时间高强度之间找到最佳的平衡点。但对于初次参加比赛的选手，则主要是感受比赛的节奏、检验自己的训练效果，以及体验全神贯注于高强度比赛的那种感觉。

周/时间段		星期一	星期二	星期三	星期四	星期五	星期六	星期日	总时间
1	上午	游泳3区，60分钟	骑车2区，45分钟，分解练习	游泳4区，60分钟	骑车4区，60分钟	休息日	游泳1~2区，60分钟	骑车1~2区，120分钟	约10.5小时
	下午	跑步5区，40分钟	力量与体适能，30分钟	跑步4区，60分钟	力量与体适能，30分钟		跑步1~2区，60分钟		
2	上午	游泳2区，60分钟，分解练习	骑车2区，45分钟，分解练习	游泳4区，60分钟	骑车3区，60分钟	休息日	游泳1~2区，60分钟	骑车1~2区，120分钟，跑步1区，10分钟	约10.5小时
	下午	跑步4区，45分钟	力量与体适能，30分钟	跑步3区，60分钟	力量与体适能，30分钟		跑步3区，40分钟		
3	上午	游泳3区，60分钟，分解练习	骑车2区，60分钟，分解练习	游泳4区，60分钟	骑车4区，60分钟	休息日	游泳1~2区，70分钟	骑车3区，90分钟，跑步1区，15分钟	约10小时
	下午	跑步5区，50分钟	力量与体适能，30分钟	跑步4区，60分钟	力量与体适能，30分钟		跑步1~2区，70分钟		
4 （恢复周）	上午	休息日	骑车4区，30分钟，跑步1区，20分钟	游泳2区，40分钟	骑车3区，40分钟	休息日	游泳5区，60分钟	休息日	约5小时
	下午		力量与体适能，30分钟	跑步3区，45分钟	力量与体适能，30分钟		跑步或骑车4区，60分钟		
5	上午	游泳5区，60分钟，分解练习	骑车2区，50分钟，分解练习	游泳4区，60分钟	骑车3区，60分钟	休息日	游泳1~2区，60分钟	骑车1~2区，140分钟	约11小时
	下午	跑步5区，50分钟	力量与体适能，30分钟	跑步4区，60分钟	力量与体适能，30分钟		跑步3区，60分钟		
6	上午	游泳2区，60分钟，分解练习	骑车2区，60分钟，分解练习	游泳5区，60分钟	骑车3区，60分钟	休息日	游泳1~2区，60分钟	骑车3区，90分钟，跑步1区，10分钟	约11小时
	下午	跑步3区，60分钟	力量与体适能，30分钟	跑步4区，60分钟	力量与体适能，30分钟		跑步1~2区，80分钟		
7	上午	游泳4区，60分钟	骑车2区，45分钟，分解练习	游泳5区，60分钟	骑车3区，60分钟	休息日	游泳1~2区，60分钟	骑车1~2区，160分钟	约11小时
	下午	跑步5区，45分钟	力量与体适能，30分钟	跑步4区，60分钟	力量与体适能，30分钟		跑步3区，50分钟		
8 （恢复周）	上午	休息日	骑车4区，30分钟，跑步1区，20分钟	游泳2区，60分钟	骑车3区，40分钟	休息日	游泳4区，60分钟	休息日	约6.5小时
	下午		力量与体适能，30分钟	跑步3区，45分钟	力量与体适能，30分钟		跑步或骑车3区，75分钟		
9	上午	游泳5区，60分钟，分解练习	骑车2区，45分钟，分解练习	游泳3区，60分钟	骑车3区，60分钟	休息日	游泳1~2区，30分钟	骑车2~3区，180分钟	约11.5小时
	下午	跑步5区，45分钟	力量与体适能，30分钟	跑步4区，60分钟	力量与体适能，30分钟		跑步1~2区，90分钟		
10	上午	游泳2区，60分钟，分解练习	骑车2区，60分钟，分解练习	游泳5区，60分钟	骑车3~4区，60分钟	休息日	游泳3区，60分钟	骑车1区，90分钟，跑步2区过渡到3区，10公里	约9小时
	下午	休息	力量与体适能，30分钟	跑步3区，60分钟，比赛配速	力量与体适能，30分钟		休息		
11	上午	游泳5区，60分钟	骑车2区，45分钟，分解练习	游泳2~3区，60分钟	骑车3~4区，40分钟	开始减量	游泳1区，60分钟	骑车1区，60分钟，跑步1区，5公里	约8小时
	下午	跑步4区，60分钟	力量与体适能：核心力量训练，15分钟	跑步3区，60分钟，比赛配速	力量与体适能：核心力量训练，10分钟	休息日	休息		
12 （恢复周）	上午	游泳40分钟，恢复训练，分解练习	骑车2区，30分钟，跑步1区，20分钟	游泳3区，40分钟	骑车3区，40分钟	休息或轻松游泳20分钟	游泳1~3区，20分钟，骑车1~3区，30分钟	比赛日游泳1500米，骑车40公里，跑步10公里	约7小时
	下午		力量与体适能：核心力量训练，10分钟	跑步3区，45分钟	休息		跑步1~3区，15分钟		

半程大铁训练计划（70.3）

由1900米游泳、90公里自行车骑行以及21.1公里跑步构成的半程大铁比赛（也叫作70.3）主要考验运动员的耐力和有氧运动能力。如何在比赛中分配体力是成功的关键：为了让自己腿部能长时间做功并防止在跑步时筋疲力尽，身体就需要储备足够的能量。

重要提示 »

对训练细节以及第129页训练计划中涉及的内容，可以在相应页面找到更多信息。

游泳训练：20~27页；
骑行训练：46~49页；
跑步训练：68~77页；
力量与体适能训练（第三阶段）：112~113页；
强度区间：160~161页；
分解练习：见本章前面的内容。

训练强度

半程大铁比赛对耐力的要求明显高于短距离铁人三项比赛或者奥运会标铁比赛，所以接下来的训练计划更加强调跑步和骑车的训练距离，而非训练强度。在3区进行更多的运动可以有效地增强身体有氧运动能力（见160~161页），并且学会更加高效地使用身体能量。这样训练的结果是：就算刚完成了有氧阈值附近的高强度骑行，同样有能力迎接接下来的半程马拉松。

全力以赴

半程大铁比赛对身体的要求非常高，在进行本训练计划之前，必须完成了122~123页的基础训练。每周的运动时长或运动距离增加不要超过前一周的10%。训练计划里每周都有一天休息，目的是让身体有时间放松和恢复；恢复周有三天都是休息日。为了更好地备战，还要注意在比赛前做好运动减量（见138~139页）。

训练目标

男子精英运动员一般来说可以在4小时15分左右完成半程大铁比赛，女子精英运动员大约需要4小时30分，中等水平的业余选手大多在5小时30分以内完赛。参加半程大铁比赛要保证身体得到足够的能量与水分补给，所以务必找到满足比赛日需求的最佳补给方案（见142~143页）。

周/时间段		星期一	星期二	星期三	星期四	星期五	星期六	星期日	总时间
1	上午	游泳3区,60分钟,分解练习	骑车2区,45分钟,分解练习	游泳4区,60分钟	骑车4区,60分钟	休息日	游泳1~2区,60分钟	骑车1区,120分钟	约11小时
	下午	跑步3区,60分钟	力量与体适能,30分钟	跑步4区,60分钟	力量与体适能,30分钟		跑步1~2区,80分钟		
2	上午	游泳2区,60分钟,分解练习	骑车2区,45分钟,分解练习	游泳4区,60分钟	骑车4区,60分钟	休息日	游泳1~2区,75分钟	骑车2区,180分钟	约12小时
	下午	跑步4区,40分钟	力量与体适能,30分钟	跑步4区,60分钟	力量与体适能,30分钟		跑步1~2区,60分钟		
3	上午	游泳3区,60分钟,分解练习	骑车2区,45分钟,分解练习	游泳4区,60分钟	骑车4区,60分钟	休息日	游泳1~2区,90分钟	骑车3区,150分钟	约12小时
	下午	跑步4区,45分钟	力量与体适能,30分钟	跑步4区,60分钟	力量与体适能,30分钟		跑步1~2区,90分钟		
4 (恢复周)	上午	休息日	骑车4区,30分钟,跑步1区,20分钟	游泳2区,60分钟	骑车3区,60分钟	休息日	游泳1~2区,90分钟	休息日	约6.5小时
	下午		力量与体适能,15分钟	跑步3区,65分钟	力量与体适能,15分钟		跑步或骑车4区,60分钟		
5	上午	游泳3区,60分钟,分解练习	骑车2区,40分钟,分解练习	游泳4区,60分钟	骑车4区,60分钟	休息日	游泳1~2区,60分钟	骑车2区,210分钟	约12小时
	下午	跑步4区,60分钟	力量与体适能,30分钟	跑步4区,60分钟	力量与体适能,15分钟		跑步1~2区,60分钟		
6	上午	游泳2区,60分钟,分解练习	骑车2区,60分钟,分解练习	游泳2区,60分钟	骑车3区,60分钟	休息日	游泳1~2区,75分钟	骑车3区,130分钟	约12小时
	下午	跑步4区,60分钟	力量与体适能,30分钟	跑步3区,60分钟	力量与体适能,30分钟		跑步1~2区,105分钟		
7	上午	游泳2区,60分钟,分解练习	骑车2区,45分钟,分解练习	游泳4区,60分钟	骑车3区,60分钟	休息日	游泳2区,45分钟	骑车2区,240分钟	约12小时
	下午	跑步3区,60分钟	力量与体适能,30分钟	跑步3~4区,60分钟	力量与体适能,15分钟		跑步2区,60分钟		
8 (恢复周)	上午	休息日	骑车4区,60分钟,跑步1区,20分钟	游泳2区,60分钟	骑车3区,60分钟	休息日	游泳1~2区,90分钟	休息日	约6.5小时
	下午		力量与体适能,15分钟	跑步3区,65分钟	力量与体适能,15分钟		跑步或骑车4区,60分钟		
9	上午	游泳2区,60分钟,分解练习	骑车2区,60分钟,分解练习	游泳2区,60分钟	骑车3区,60分钟	休息日	游泳1~2区,75分钟	骑车2区,120分钟	约12小时
	下午	跑步4区,45分钟	力量与体适能,30分钟	跑步3区,75分钟	力量与体适能,30分钟		跑步1~2区,120分钟		
10	上午	游泳2区,60分钟	骑车2区,45分钟,分解练习	游泳5区,60分钟	骑车3~4区,60分钟	休息日	游泳3区,90分钟	骑车1区,210分钟,跑步15分钟	约11.5小时
	下午	跑步1~2区,30分钟	力量与体适能,30分钟	跑步2区,90分钟	力量与体适能,15分钟		休息		
11	上午	游泳4区,60分钟	骑车2区,45分钟,分解练习	游泳3区,45分钟 跑步2~3区,75分钟,比赛配速	骑车3区,60分钟	开始减量 ←	游泳2区,75分钟	骑车90分钟,转跑步20分钟(从1区起步,逐渐加到5公里比赛配速)	约9小时
	下午	跑步4区,45分钟	力量与体适能:核心力量训练,15分钟		力量与体适能:核心力量训练,10分钟	休息日	休息		
12 (恢复周)	上午	游泳40分钟	骑车2区,60分钟,跑步2区,20分钟	游泳3区,40分钟	骑车3区,40分钟,跑步10分钟	休息	游泳1~3区,20分钟 骑车1~3区,30分钟 跑步1~3区,15分钟	比赛日 游泳1900米,骑车90公里,跑步21公里	约8小时
	下午		力量与体适能,10分钟	跑步3区,45分钟	休息		跑步1~3区,20分钟		

大铁训练计划

由3800米游泳、180公里自行车骑行以及42.2公里跑步构成的大铁比赛是所有比赛中对耐力要求最高的比赛，训练也需要全身心投入和高度自律。认真准备，逐步提升，通过比赛，享受冲线时的荣耀和喜悦。

重要提示 »

对训练细节以及第131页训练计划中涉及的内容，可以在相应页面找到更多信息。

游泳训练：20~27页；

骑行训练：46~49页；

跑步训练：68~77页；

力量与体适能训练（第三阶段）：112~113页；

强度区间：160~161页；

分解练习：见本章前面的内容。

训练强度

大铁比赛是一个相当长的过程。在第131页的训练计划示例中，3项运动相结合的耐力训练环节逐步增多，贯穿于12周的训练计划中。大多数的训练强度集中在1区和2区，为了防止受伤，运动量要一步步增加。精确的补给非常重要，你可以通过在训练中反复试验来找到最适合自己的补给方式，使比赛时的能量补给和补水都做到最好（见88~91页）。

早期训练

所有参加大铁比赛的运动员身体都必须足够强壮，在实践本训练计划之前就应该有很好的身体素质。你首先要完成122~123页的基础训练，在接下来的冬训中要把自己练得更加强壮，而不是累积毫无意义的垃圾训练里程。既然决定参加大铁比赛，一定要在进入比赛准备期之后就感到兴奋，为了那一特殊的时刻，全力以赴地训练。

训练目标

大铁比赛是铁人比赛中最具挑战性的比赛，能完赛就算人生的一大成就。比赛一般需要10~14小时（比短距离铁人三项赛、奥运会标铁赛、半程大铁比赛合起来的时间还要长）。男子精英运动员通常可以在8小时30分左右完成比赛，女子精英运动员大约为9小时15分，中等水平的业余选手大多在10小时45分到12小时完赛，而关门时间是17小时。参加大铁比赛之前需要很长时间的训练准备，所以训练务必专注。在你冲过终点线的瞬间，观众们会对你高呼："你是真正的铁人！"

周/时间段		星期一	星期二	星期三	星期四	星期五	星期六	星期日	总时间
1	上午	游泳3区，60分钟，分解练习	骑车2区，50分钟，分解练习	游泳4区，60分钟	骑车4区，60分钟	休息日	游泳1~2区，75分钟	骑车1区，180分钟	约11.5小时
	下午	跑步2区，40分钟	力量与体适能，30分钟	跑步3区，60分钟	力量与体适能，30分钟		跑步3区，60分钟		
2	上午	游泳2区，60分钟，分解练习	骑车2区，45分钟，分解练习	游泳4区，60分钟	骑车4区，60分钟	休息日	游泳1~2区，75分钟	骑车2区，180分钟	约12小时
	下午	跑步4区，40分钟	力量与体适能，30分钟	跑步4区，60分钟	力量与体适能，30分钟		跑步1~2区，60分钟		
3	上午	游泳3区，60分钟，分解练习	骑车2区，60分钟，分解练习	游泳4区，60分钟	骑车3区，60分钟	休息日	游泳1~2区，90分钟	骑车3区，150分钟	约12小时
	下午	跑步2区，60分钟	力量与体适能，30分钟	跑步3区，90分钟	力量与体适能，30分钟		跑步1~2区，90分钟		
4 （恢复周）	上午	休息日	骑车4区，60分钟，跑步1区，20分钟	游泳2区，60分钟	骑车3区，60分钟	休息日	游泳1~2区，90分钟	休息日	约6.5小时
	下午		力量与体适能，30分钟	跑步3区，65分钟	力量与体适能，30分钟		跑步4区，60分钟		
5	上午	游泳3区，60分钟，分解练习	骑车2区，40分钟，分解练习	游泳4区，60分钟	骑车3区，60分钟	休息日	游泳1~2区，90分钟	骑车1~2区，210分钟	约12.5小时
	下午	跑步2区，60分钟	力量与体适能，30分钟	跑步3区，60分钟	力量与体适能，30分钟		跑步3区，60分钟		
6	上午	游泳2区，60分钟，分解练习	骑车2区，60分钟，分解练习	游泳2区，60分钟	骑车3区，60分钟	休息日	游泳1~2区，90分钟	骑车3区，150分钟	约13小时
	下午	跑步2区，60分钟	力量与体适能，30分钟	跑步3区，60分钟	力量与体适能，30分钟		跑步1~2区，105分钟		
7	上午	游泳2区，60分钟，分解练习	骑车2区，40分钟，分解练习	游泳4区，60分钟	骑车3区，60分钟	休息日	游泳2区，90分钟	骑车1~2区，240分钟	约13小时
	下午	跑步2区，60分钟	力量与体适能，30分钟	跑步3区，60分钟	力量与体适能，30分钟		跑步3区，60分钟		
8 （恢复周）	上午	休息日	骑车4区，60分钟，跑步1区，20分钟	游泳2区，45分钟	骑车3区，45分钟	休息日	游泳1~2区，90分钟	休息日	约7小时
	下午			跑步3区，65分钟	力量与体适能，30分钟		跑步或骑车3区，60分钟		
9	上午	游泳2区，60分钟，分解练习	骑车2区，60分钟，分解练习	游泳2~3区，60分钟	骑车3区，60分钟	休息日	游泳1~2区，90分钟	骑车3区，120分钟	约13小时
	下午	跑步2区，60分钟	力量与体适能，30分钟	跑步3区，60分钟	力量与体适能，30分钟		跑步1~2区，150分钟		
10	上午	游泳2区，45分钟	骑车2区，40分钟，分解练习	游泳4区，60分钟	骑车3区，45分钟	休息日	游泳3区，90分钟	骑车1区，330分钟跑步10分钟	约13小时
	下午	跑步1区，30分钟，恢复训练	力量与体适能，30分钟	跑步2区，90分钟	力量与体适能，30分钟		休息		
11	上午	游泳4区，60分钟	骑车2区，45分钟，分解练习	游泳3区，60分钟	骑车3区，60分钟	开始减量	游泳2区，75分钟	骑车3区，90分钟，跑步从1区过渡到40分钟比赛配速	约9小时
	下午	跑步1区，50分钟	力量与体适能：核心力量训练，15分钟	跑步2区，60分钟，比赛配速	力量与体适能：核心力量训练，10分钟	← 休息日	休息		
12 （恢复周）	上午	游泳3区，40分钟	骑车2~3区，60分钟转入跑步1区20分钟	游泳3区，40分钟	骑车2区，40分钟，跑步2区10分钟	休息	游泳1~3区，20分钟骑车1~3区，20分钟跑步1~3区，15分钟	比赛日 游泳3.8公里，骑车180公里，跑步42公里	约17小时
	下午		力量与体适能：核心力量训练，10分钟		休息				

训练日志

有些运动员喜欢跟踪自己的训练内容，但有些运动员认为这是一件令人讨厌的工作。保持写训练日志的好习惯可以让自己清楚地看到自己每天的进步，同时，训练日志有助于分析自己的强项和需要改进的地方。

> 在比赛日逐渐迫近但还未真正到来时，回顾一下训练日志，你将发现自己进步巨大，收获良多，从而感到信心倍增。

问答 为什么要写训练日志？

写日志有助于了解自己做得好的方面，也能找出那些造成负面影响的因素，比如，晨脉的变化、受伤或者夜里没睡好。训练日志也是训练动力的源泉：如果在赛事即将来临时神经紧张或者对自己缺乏信心，可以回顾自己的训练成果，你会为自己的进步感到骄傲。

问答 如何写好日志？

日志中记录的东西越多，分析时可用的信息就越多。记录数据要清晰易见，最好是眼睛一瞥就能找到所需内容。长期坚持写日志，并尽量做到内容规范化、系统化，如果要对比不同时期的数据，可以快速找到内容，这样会比较省事。一定要真实记录，不要故意夸大运动量。如果某天的训练很糟糕，这正好激励自己以后更加努力地锻炼。

问答 在日志里记录什么？

理想的训练日志应该记录下每次训练的细节，比如配速、心率、运动区间。如果能记录每天的营养水平、睡眠情况以及健康状况就更好了，这有助于分析自己为什么有时候会觉得累或者缺乏动力。训练日志里记下感受也许是最重要的，这可以帮助我们了解自己哪些方面做得好，哪些方面需要今后进一步改进。

如何记录

网上有很多在线的训练日志模板，可以用于记录自己的训练数据。使用带GPS的运动手表还可以直接将数据导入训练日志中。

如果没有带GPS的运动手表，可以使用本地的一些测量手段或者跑步跟踪器，总之能有效测量就可以。在前面的能力分析阶段，你应该已经明确了自己在每个强度区间的合理配速。

检查心率也可以使用把脉的方式：记下15秒钟心脏的跳动次数，然后再乘以4，就得到了心率。

每次训练记录的内容

● **训练时间**：记录下每天训练的时间，如果把两个训练段排在一起，表现肯定会受到影响，因为来不及恢复。记录训练时间还能找到一天中什么时候自己的训练状态最好。

● **训练详情**：日志中详细记录速度、距离、心率、功率、配速、训练时间和具体训练内容等。记录下影响自己表现的一切因素，比如天气、路况或者水温等。

● **训练感受**：记录每次训练时的想法和感受非常重要，可以用来分析不同因素（如疲劳、压力等）是否对自己的训练表现产生负面影响。

每天记录的内容

● **晨脉**：清晨第一件事就是测量心率，因为它是身体总体情况和健康状况的最佳指示器（见29页）。

● **睡眠时间**：参加铁人三项训练，要保证每晚的睡眠时间在6~9小时。

● **睡眠质量**：睡眠质量越高，会感觉越有活力。记录自己的睡眠模式，如果睡眠出现问题，这样也容易发现。

● **疲劳情况**：肌肉酸痛或者感觉特别累，都是低迷综合征的体现（见134~135页）。

● **营养水平**：就算是健康饮食，有时候也需要换换花样，所以一定要记录下饮食是否对运动表现造成影响，这一点非常重要。

● **补水情况**：通过观察尿液的颜色来监测自己身体的补水状况。

● **压力**：务必要了解工作、家庭及其他问题所带来的压力，因为压力会对运动表现产生负面影响。

带GPS的运动手表中的数据（如心率、速度）可以直接导入电脑，这节约了记录的时间。

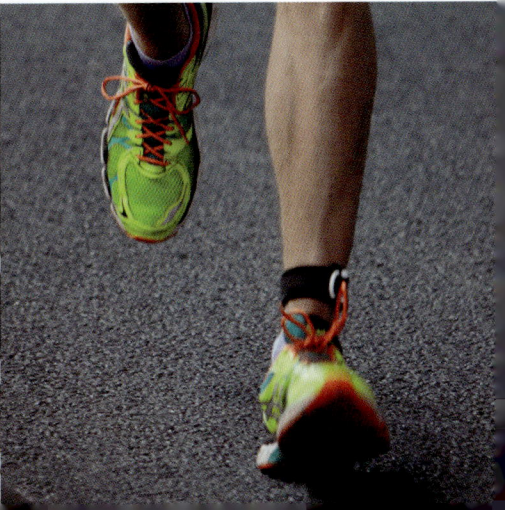

避免过度训练和表现低迷

　　铁人三项训练涉及三项运动，为了防止过度训练，影响自己的表现，必须做一个聪明的训练者。不应该保持"训练、训练再训练"的节奏，而应该找到训练与身体恢复之间的平衡点。过度训练反而使身体变得虚弱，一旦你训练过头了，你的表现就会受到不利的影响。

> ❝ 快乐的运动员是强大的。如果感觉很累或有挫败感，请集中精力照顾好自己。❞

成功要诀

表现低迷

　　一般来说，当重温训练日志时（见132~133页），会发现自己有明显的稳步提升。如果发现运动水平没啥变化甚至变得更糟，那过度训练的可能性就比较大了。如果训练强度太大或者训练频率太高、没有足够的时间让身体恢复以及营养没跟上都会导致表现低迷，并最终导致疲乏与表现低迷的恶性循环，又称"表现低迷综合征"。过度训练还会增加受伤的风险（见154~157页）。

究其原因

　　检查训练日志，找出自己表现低迷的原因。也许是因为连续3天高强度的训练，中间却没有穿插休息日，也许是因为运动增量超过了10%，却没增加额外的休息时间。情感与心理因素也有可能导致表现低迷。工作、财务问题和家庭关系是否有困扰？生活中的困扰不应该成为放弃铁人三项训练的理由，如果其他事情支配了你的生活，训练时表现低迷在所难免。

如何避免

　　每周记录2次自己走路时的心率。如果每分钟心率增加了10~15次，说明身体有较大压力。要保证自己身体补水充足、营养正常（见88~93页），日常吃喝请避开垃圾食品。绝对不要忽略身体的恢复时间。

　　如果训练计划可控，自身管理水平很高，适当的（短期）超负荷运动是可以接受的。例如，如果你计划去露营或者放一个星期的假，白天可以打盹儿，晚上还有更多的睡眠，那么就可以把每周训练量增加好几个小时。时刻关注自己的感受，如果你缺乏动力或不想训练，那可能意味着你需要更加关注自己的身体。

训练曲线

只要努力到点子上，一般来说都会有进步。但非计划内或计划管理不严格的长期超负荷运动很有可能让自己表现低迷。一旦出现这种情况，一定要倾听身体发出的信号并保证足够的恢复时间。不要因为错过一些训练内容而担忧，停下来休息其实更有利于你更长久的表现。

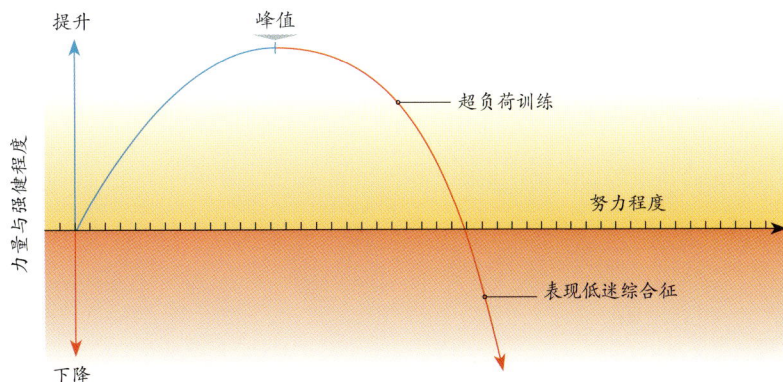

提升

峰值

超负荷训练

力量与强健程度

努力程度

表现低迷综合征

下降

回归正途

如果已经表现低迷了，就不要再进一步刻苦训练了。当训练水平降低时，有的人甚至做更多的额外训练，因为他们认为造成水平降低的原因是没有运动够，这往往使情况更糟。通常，48小时的休息并保证充足的睡眠和营养补充，会让训练重新步入正轨。如果这样还没有恢复，就得看医生了。

日常症状

表现低迷综合征有如下一些典型的症状：

- 很努力，但表现依然糟糕；
- 长时间的全身乏力；
- 肌肉酸疼，关节疼痛；
- 失眠；
- 频繁受伤；
- 食欲不振，体重下降；
- 经常性感冒或呼吸道感染；
- 感觉压力变大；
- 静息心率升高。

7

铁人三项运动员为保证足够的休息和恢复，每晚所需要的平均睡眠时间是7小时。

比　　　　赛

赛前减量

训练过程中强度是一步步往上递增的，在距离主要比赛还有几周时达到最大值。但如果在临近比赛的前几天仍在努力训练，比赛时就很难正常发挥；相反，赛前减量却可以让你在比赛中获益。减多少运动量以及从何时开始减量都因人而异。不管是几天还是几周，赛前减量都是训练计划的重要组成部分。

> **❝** 在临近比赛的前几天，试着爬一段楼梯。如果腿部有疼痛感，那说明需要进一步减量。**❞**

成功要诀

赛前减量，比赛爆发

赛前减量可以让身心得到放松。恢复期让我们变得更加强壮，从而让身体在比赛时处于最佳状态。减量并不是停止运动，而是让自己的竞技水平更高，并且努力维持住这样的水平。此时还要关注身体营养，目标是让肌肉充分自我修复，储存更多的糖原（碳水化合物），它们在比赛中将提供能量（见90～91页）。如果赛前减量做得好，比赛时就不会感到疲乏，并且降低了受伤的风险。

减少训练量

赛前减量时，运动量只有之前一周的40%～60%。如果赛前减量过程要持续三周，那每周运动量按20%的比例递减。如果减量过程持续两周，那每周运动量按30%的比例递减。如果赛前仅仅减量10天，那这10天的运动量都减半。不要担心赛前减量会影响比赛日的竞技水平，减量期很短，不会造成运动状态的下滑。

关注身体热量

赛前运动减量的同时，食量也应该相应减量。如果食量还和往常一样大，减量时就会感觉有一些撑。肌肉能储存的糖原是一定的，如果肌肉中糖原已经饱和，多余的糖原就会转化成脂肪，这对你的赛前准备可没什么好处。但减量也并不意味着节食，节食会让身体变得虚弱。减量仅仅是把食量调整到一个让自己感觉舒服的状态，并且应时刻关注自己身体的反应。

三周减量

赛前减量期间，训练时间尽量和平时一致，强度也一致，仅仅是缩短运动时。如果感觉很累而不愿意进行某项训练，那就别勉强自己。

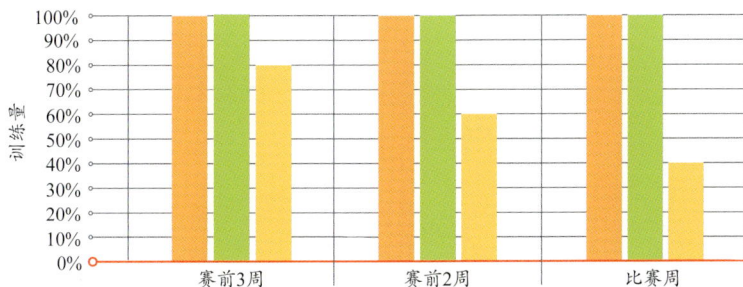

要点 》

- ■ 运动频率（和平时保持一致）；
- ■ 运动强度（和平时保持一致）；
- ■ 运动时长（逐周递减）。

有氧运动的好处

赛前减量有利于提高有氧运动效率。研究表明，健康的减量模式可以增加血液中红细胞的尺寸以及血红蛋白的含量，而血红蛋白正是血液中的携氧蛋白质。这就意味着，比赛当天血液携氧能力会增强，就有更多氧供给身体肌肉，从而使得肌肉中储存的能量都释放出来（见120~121页）。在赛前减量的最后几天，应该感到浑身充满了能量，有一股随时准备出发的冲劲。

赛前准备

铁人三项运动员在赛前感到紧张属于正常反应。焦虑会使身体产生肾上腺素，而肾上腺素会使心跳加快，让人感到虚弱；所以，是否可以利用神经系统让自己有更好的表现就变得很重要。只有控制好自己的焦躁情绪，比赛时才更有可能发挥出色。

> **❝** 很多运动员在大型赛事前睡不好，这太正常不过了。比赛前两天尽量让自己早睡。**❞**

问 答 如何让自己自信起来？

比赛前的思想准备比身体准备更重要，应该尝试以积极的心态面对任何一场比赛。心里不断提醒自己："我曾经刻苦努力地训练，拥有很高的运动水平和竞技状态。"赛前准备非常关键：在检查完自己的比赛装备、预备好了能量补给，并做好了赛前演练后，人就会感觉更加自信。积极乐观地看待游泳、骑车和跑步运动，会进一步提升自己的身心状态。

问 答 如何保持放松？

必须有放松的感觉，才能在比赛中表现出色。所以比赛前不要有负面的想法，或把自己的身体搞垮。比赛前一周要保证充足的睡眠。如果比赛前感觉非常紧张，可以干点其他事情（比如见朋友）来分散注意力。

问 答 如何保持专注？

比赛来临前，一定不能让自己失去专注力。应提前做好尽量多的计划，如果都等到最后一分钟才做，会让自己感到紧张，甚至很有可能忘记一些重要的事情。给自己梳理一个必要装备的清单（见141页），并且在赛前几天就把它们收拾好放到一起。回想一下自己的比赛策略，核实好自己的报名信息，选择好合适的时间去比赛场地考察，做好功课。如果从住所到比赛现场需要2小时以上，那就最好在比赛前一天在比赛场地附近找个地方住下。

问 答 能否在赛前最后几分钟进行自我调整？

如果备赛过程中过于自信，那比赛时就有可能让自己过度膨胀。类似地，如果比赛前就失去信心，比赛时就会有一种恐慌的感觉，直到最后一分钟还想着如何调整自己；因此，

赛前做好比赛策略并且坚持执行策略尤为重要。赛前找个新教练或者尝试新的食物都不是明智的选择。如果装备配件坏了，务必在赛前修好或者及时换一个新的；如果等到赛前几分钟还在忙着调换的，发挥失常的可能性就很大了。

问 答 如何应对突发事件？

比赛中有些事情是超出自己的控制范围的，比如天气。随着比赛经验的积累，你经历过的比赛场景也将越来越多。比赛中可能出现的状况或计划外的事情，一定要事先想清楚。给自己定一个可以控制的比赛目标，比如比赛配速和目标完赛时间。这些目标可以使大家在比赛中保持专注。如果真发生了意想不到的事情，试着接受它们；不要老想负面的事情，专注于当下，多想想自己冲过终点线的情景。

比赛场地考察

在比赛前一定要先熟悉比赛场地和环境,有些铁人三项网站会给出一些航拍图。如果没有,最好翻翻地图或者在网上看看当地的情况。如果可能的话,还可以实地考察,了解地形和环境等。有时间可以开车走完整个赛道,做一些关键的里程标记,这有助于比赛当天了解自己的比赛进程。

赛前检查的内容

只带必要的装备,轻装上阵,比赛前一晚把它们收拾好。

热身阶段
- 备用训练鞋
- 热油(如果环境很冷)
- 热身衣物
- 雨衣(如果下雨)

游泳阶段
- 泳帽
- 泳镜(至少两副)
- 防寒胶衣(如果需要)
- 铁人三项服
- 带GPS的手表
- 换项时用的毛巾

骑车阶段
- 自行车
- 头盔
- 骑行服(或铁人三项服)
- 太阳镜
- 比赛腰带
- 锁鞋(和松紧带)
- 备用内胎
- 打气筒和补胎工具
- 码表/功率计
- 水壶

跑步阶段
- 跑鞋
- 跑步短裤和上装(或铁人三项服)
- 袜子(如果需要穿)
- 帽子(天气热时用)
- 跑步补给

恢复阶段
- 暖身/舒适的衣物
- 舒适的鞋
- 食物

登记
现场登记获取参赛号码,然后去换项区布置场地和熟悉比赛环境。

⬇

赛前
在换项区摆好装备,确认自己游完泳和骑完车后回换项区的最佳路径。

⬇

游泳
思考如何起步及比赛的策略。再一次核实游完泳回换项区的最佳路径。

⬇

换项区

⬇

骑车
检查自行车轮组、车胎、码表和功率计,带上头盔、鞋子和水壶。

⬇

换项区

⬇

跑步
尽量把跑鞋的鞋带松开一些,方便快速穿上。带上补给食品和帽子(天气热的时候)。

⬇

完赛
准备一些现金,方便随时买一些物品;确保手机有电,这样可以尽早通知家人你的完赛消息。

比赛补给

铁人三项运动非常累，消耗能量快。比赛时应该有足够的补给，补给量取决于比赛的时长和自己的竞技水平。

❝ 在不补给的情况下，铁人三项新手一般能坚持90分钟。有经验或者竞技水平高的铁人三项运动员比赛消耗更大，每60分钟需要补给一次。❞

成功要诀

合理的热量摄入

知道自己在不同运动强度下的能量消耗水平，有助于确定补给食物的多少。

如果饮食习惯健康，训练强度主要在1区和2区（见160~161页），身体就会利用脂肪储存能量。一个典型的铁人三项运动员会在脂肪里存储50000卡路里的能量，所以在低强度的训练中根本用不着补给。

如果高强度训练60分钟以上，这就需要补给了。一般来说，每小时需补充120~360卡路里的能量，但具体到每个人，补给量又是不一样的。

训练时要尝试不同的补给食物，找到最适合自己的选择。你的GPS手表可以告诉你不同运动强度下消耗的能量。

选择最佳的食物

训练时就应该养成了健康饮食、均衡饮食的习惯（见88~91页）。比赛前两天应开始增加低升糖指数碳水化合物的摄入量，保证脂肪和蛋白质的摄入，并在饮食中加入少量食盐（见92~93页）以维持身体电解质平衡（血液中的必要矿物质会从汗液中排走）。比赛前要避免摄入不熟悉的食物，以免消化系统不适而感到难受。

饮食控制

比赛周临近前需要进入赛前运动减量阶段（见138~139页），这时需要停止摄入高糖、高热量食物，以免身体感到饱足或沉重。健康营养的食物可以不用停，感觉饿了就可以吃。

补给食物种类

训练时身体能量的主要来源是以糖原形式存储于肌肉中的碳水化合物中（见51页）。但这只是储存了有限量的能量，在运动时间更长或者强度更高的比赛中还需要额外的补给。有些运动员发现能量胶、能量棒或者运动饮品在比赛中管用，但无论选哪种，务必要在平时的训练中先尝试，确保选择的补给食物能起到应有的作用。

食物选择

合理的补给意味着要提前做好准备：比赛前避免让肠胃处于饱胀状态，但又要让身体保证充足的能量供给。如果比赛在上午，那前一晚最好摄入一些低升糖指数的碳水化合物，好让身体储备足够多的糖原。

用餐时间

训练时要做到少吃多餐。如果在比赛前仍坚持同样的就餐次数和时间点，但食物又发生了改变的话，就很可能让自己的消化系统紊乱。临近比赛时不要大吃大喝，如果在正餐后不久就开始比赛，会感到身体非常笨拙且不适。

赛后用餐

比赛后，你想吃什么就吃什么。可以奖励一下自己，享用那些赛前不能食用的食物。赛后不要担心体力的恢复，比赛中消耗的营养物质一般要到赛后一两天才能逐渐复原。如果比赛后不想吃东西，那也不要勉强自己。

比赛前一天

24 小时 和平常一样吃喝，增加低升糖指数碳水化合物和盐类的摄入。

18 小时 根据自己的饥饿和口渴情况，像平常一样进食。

12 小时 优先考虑低升糖指数碳水化合物的摄入，使身体达到理想的能量水平。

赛前（当天）

2~4 小时 比赛前2~4小时，吃和平时游泳前的早餐一样的食物。

1 小时 少喝点水，如果口腔很干，可以用水漱漱口。

5~15 分钟 小口喝点水。

补水策略

　　比赛时要流汗，流汗就意味着身体会流失水和盐。通过日常的训练学会在不同天气条件下以及比赛的不同阶段合理控制身体的含水量。要利用日常训练的饮水经验为比赛日服务，保证比赛时饮水充足。坚持适合自己的补水方式，既要避免身体脱水，又要防止饮水过量。

15

在大铁比赛中，应每隔15分钟进行一次少量补水。

问答 赛前如何补水？

　　比赛前需要保证体内的水平衡。临近比赛，有些运动员会紧张，就会不停地小饮啜水。这不仅会造成自己更加频繁地排尿，还会打破身体的电解质（血液中必要的矿物质）平衡。如果是真口渴，自然可以喝点水，但如果是因为紧张，那就用水漱漱口然后吐了。

问答 赛中如何补水？

　　如果是大铁比赛或者半程大铁比赛，都需要更加系统地补给和补水，在炎热或者湿润的天气里比赛也是如此。比赛途中有很多水站，可以让运动员及时补充，但最好在比赛前就在自己的水壶中加一些食盐，这样可以及时补充比赛中通过汗液流失的电解质。排汗量与天气、运动强度和比赛时长直接相关。在稍短一些的比赛中，只需要在口渴时才补水。但一定不要多饮，体内存在多余的水也会让自己很不舒服。

问答 赛后如何补水？

　　比赛后如果口渴，可以随意喝自己想喝的饮品，补充比赛中随汗液排走的营养物质。如果比赛强度较大，很多人更喜欢喝容易吸收的运动饮料（见92页）。这些运动饮料富含碳水化合物，没必要在比赛前或者比赛中饮用它们（因为它们会扰乱身体的电解质和液体吸收），但赛后饮用它们却非常有助于身体恢复。此外，只要你喜欢，在赛后喝杯热茶也是可以的。

补水太少或太多？

　　很少有运动员在铁人三项比赛中脱水，因为通常赛道上每隔几公里就会有一个水站。脱水会让血液变得黏稠，不利于心脏正常工作，而且会造成细胞携氧量的降低。

　　耐力比赛中，补水过多反而是更加常见的问题，尤其在比赛后半程。补水过多会造成血液中钠离子含量下降，这是非常危险的，可能会导致癫痫或昏迷。总的来说，如果比赛时进行合理的补水，这些现象都是不会发生的，所以也没必要过于担心。

比赛策略

在出色地完成赛前减量之后（见138~139页），你将最终站在比赛的起点处。虽然会很紧张，但你应该感觉身体充满了能量，躁动而跃跃欲试。请记住：铁人三项比赛是耐力的比拼，选手们最常犯的错误就是开始阶段太快；比赛中一定要时刻提醒自己，按自己拟定的配速来比赛。

" 重视比赛的节奏。铁人三项比赛中，你需要战胜的并不是其他参赛者，而是赛出自己的最好水平——这就意味着比赛中一直维持着稳定的节奏。"

成功要诀

换项策略

比赛当天运动员需要做的仅仅是熟悉换项区，并放置好自己的赛车。换项区有可能很混乱，如果不熟悉环境，搞不清楚每样东西的具体位置，那就可能需要花宝贵的时间去找。此处浪费的几分钟可能是你艰苦训练几个月才好不容易省下的；因此，合理规划让换项尽可能顺畅非常重要（见34~35页，56~57页）。

游泳配速

游泳阶段不需要利用带GPS的手表来随时关注自己的配速，也不需要关心自己是否按目标节奏进行。实际上从以往的训练经验就能判断自己稳定的节奏是怎样的（见26~27页）。比赛中跟着一个比自己稍快的运动员游泳是很好的策略，这样可以省力。每划臂六下就看一下浮标；尽管听上去挺麻烦，但这总比偏离路线多游出距离要划算（见30~31页），后者将浪费更多的时间。

骑行配速

功率计是骑车时监测腿部做功情况的最好装备。如果没有功率计，也可以使用心率表。如果心率表也没有，那就根据自己的主观运动强度（RPE）来判断。不要急于咬住那些比自己骑得快的选手，要按自己的节奏骑，不然很有可能的一个后果就是跑步阶段只能走着走完了。训练时（48~49页）可能还计划着每一段路程多少公里，应该花多长时间，但现在你是和周围的选手在一起骑，他们可能会影响你的用时。

比赛日检查清单

你已经刻苦训练了数周，学会了很多新技巧和技术；所以当比赛来临时，不要因为忘记了一些基本事项而让前面的这些努力都付之东流。给自己列一个清单，写好比赛日必须做或者必须避免的事情，这样才能让自己发挥出最佳水平。

要避免的

- 忘记事先实地考察；
- 忘记听赛前技术会（有些情况可能会在最后关头进行调整）；
- 游泳时忘记看浮标——看浮标是保持比赛节奏稳定的关键；
- 忘记三项运动中自己的合理配速；
- 被一些负面的想法干扰。

必须做的

- 事先定好比赛策略；
- 熟悉换项区（包括进出口位置）；
- 测试所有装备；
- 游泳时找一个合适的出发位置；
- 在每个项目当中控制好自己的配速；
- 要给最后的冲刺留点力气；
- 相信自己。

跑步配速

完成骑行阶段的比赛后，腿部很有可能会僵硬一段时间。持续时间的长短取决于日常的训练和经验，以及骑车时的努力程度。不要为此而泄气，跑步的感觉是能找回来的。使用心率计和带GPS的手表来跟踪自己的配速，目的就是为了保持好比赛节奏（不要快），因为你并不知道什么时候比赛会变得艰辛。如果感觉很累，那就回忆自己的训练过程（见76~77页），集中精力做好跑步技术。

"无人之境"

在铁人三项比赛中，尤其是跑步阶段，运动员会感觉非常艰难。这种情况（特别是某项运动的半途中）也被称作"无人之境"。这个阶段是耐力比赛的主要考验期，需要克服精神上的障碍战胜它。在自己感觉自信而有力的日常训练和B类比赛当中就去想象这样的情景。在你掌握如何克服它的技巧后，你将为自己感到骄傲。赛前准备阶段（见140~141）做的这些思想准备，可以帮你在比赛过程中克服困难。

强烈的结束欲望

就算你的配速控制得很完美，在比赛后期你也会感到筋疲力尽，并开始胡思乱想，比如纠结于离终点线还有多远。如果发生这种情况，应努力集中自己的注意力，关注当下的比赛。只有当你看到终点线或者竞争对手试图超越你的时候，你才需要提高配速，做最后的冲刺。

必需的保养

预防护练习

预防护练习是一系列旨在降低运动损伤风险的运动。铁人三项训练的强度非常大，一般女子精英运动员每周的训练量在25～30小时，男子精英运动员每周大概在35～40小时。下面给出的泡沫轴练习一年四季都可以进行，并且能保持体内软组织的健康。

预防护练习装备

泡沫轴是一个实心圆柱体，可以躺在上面，然后滚动它，以按摩肌肉紧张的区域。一开始可能会觉得不舒服，但随着软组织越来越健康，感觉就会好很多。对于一些局部区域，泡沫轴可能不太适用，可以试着使用网球或高尔夫球来按摩，缓解肌肉紧张。

01 背部上侧和下侧

这一练习有助于缓解胸部和腰部脊柱附近的肌肉紧张，对铁人三项运动员的运动姿态和呼吸都有帮助，还能降低背部疼痛的风险。

1 坐在地上，膝盖保持弯曲，脚放在地面上。把泡沫轴放在平躺后肩胛骨所在的位置。双手交叉放在胸前，然后平躺到泡沫轴上，抬起臀部；保持颈部和背部在一条直线上。

脊柱保持周正

抬起臀部使其离开地面

两腿略微张开

2 正常呼吸，利用腿和脚的力量，让泡沫轴在背部滚动，直到盆骨附近，然后又回滚到肩胛骨附近。重复上述动作，做30秒。

泡沫轴在肩胛骨附近时停止滚动

大腿用力推动

02 臀肌和梨状肌

这一练习主要是臀肌及臀部外侧梨状肌的按摩。这些肌肉有助于维持臀部和腿部的稳定性，在骑车或者跑步后会变得过于紧张。

将另一只脚搭在平衡腿的膝盖上

脚放在地面上维持平衡

用双手撑起上半身

利用手的力量让身体在泡沫轴上方

坐在泡沫轴上

1 臀部左侧坐在泡沫轴上，将左腿搭在右腿上。让泡沫轴在臀部区域前后滚动30秒。然后让臀部右侧坐在泡沫轴上，交叉腿，进行臀部右侧的按摩。

2 侧身，让身体的重量都压在左侧臀部的外侧，左腿搭在右腿上，让泡沫轴前后滚动。然后换右边，做类似的交叉腿和按摩动作。

03 阔筋膜张肌和髂筋束

这一练习用于放松大腿上的阔筋膜张肌（TFL）和髂筋束（ITB，大腿外侧的肌纤维组织）。跑步和骑车都容易造成这些肌肉的紧张。

保持头部、颈部和脊柱在一条直线上

伸直下方的腿，并抬离地面

胳膊放在垫子上支撑身体

运动是通过腿部发力来实现的

下方的腿一直保持伸直状态

胳膊用力推

1 左侧躺，让泡沫轴位于膝盖上方。用左前臂支撑上半身，另一只手叉在腰间。将右腿交叉搭在左腿之上，并将右脚平放在地面上。

2 左臂发力，让泡沫轴滚动到大腿根外侧附近，然后再拉回来让泡沫轴回滚到膝盖处。重复上述过程30秒。转过身去，右侧腿重复这一过程。

04 腘绳肌

这一练习主要用于缓解肌肉紧张，并保持大腿后侧腘绳肌的平衡。跑步者这部分肌肉紧张是很常见的，尤其是那些想利用这块肌肉发力而跑快的人。

用胳膊支撑上半身

双脚放在一起

腿部伸直

1 坐下，双腿打直放在身体前方，将泡沫轴放在膝盖窝下方。右腿与左腿在膝盖处交叉，右腿在上。抬起臀部离开垫子，保持头部、颈部和脊柱在一条直线上。

2 胳膊发力，推动泡沫轴在身体下方滚动，从膝盖滚动到大腿根，然后又滚动回膝盖下方。重复上述动作30秒。将左腿交叉搭在右腿上，让右腿重复上述的按摩动作。

05 股四头肌

这一练习主要用于缓解肌肉紧张，并保持大腿前侧股四头肌的平衡。运动时，这部分肌肉由于不断地收缩运动而变得紧张，在长时间跑步或游泳后更是如此。这些区域的肌肉紧张还会影响到你的膝盖。

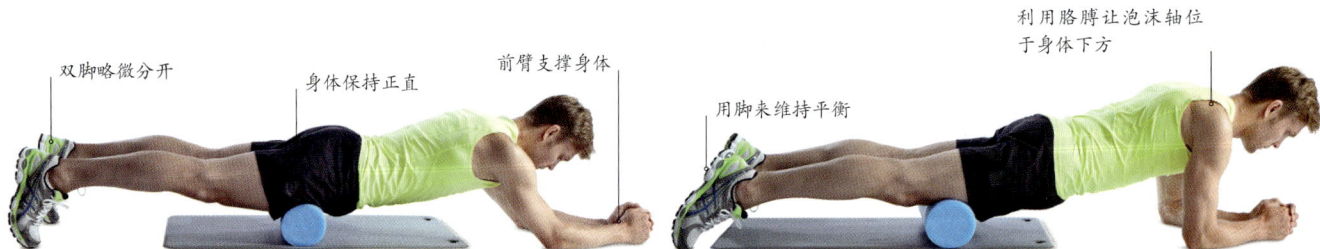

双脚略微分开

身体保持正直

前臂支撑身体

利用胳膊让泡沫轴位于身体下方

用脚来维持平衡

1 趴着身体，让泡沫轴位于大腿下方，保持头部、颈部和脊柱在一条直线上。用胳膊支撑上半身，脚尖着地支撑腿部。

2 向前移动身体直到泡沫轴滚动到膝盖附近，然后再让泡沫轴滚动回大腿（试着滚动到臀屈肌附近）。重复上述动作30秒。可以让左右腿在踝关节处交叉，这样按摩会产生更大的压力，保证两条腿都被按摩到。

06 腓肠肌和比目鱼肌

这一练习有助于缓解小腿肌肉的紧张，并保持踝关节的灵活性。这对骑车或跑步后的恢复非常管用。这些地方肌肉紧张会导致跟腱、脚后跟以及足弓疼痛。

腿部伸直　胳膊伸直　胳膊推动发力

1 坐下并打直双腿，将右腿放在左腿上，把泡沫轴放在踝关节下部，用胳膊支撑上半身，臀部抬离地面。

2 推动泡沫轴在腿部下方滚动，从踝关节到膝盖窝，然后又滚回到踝关节。重复上述动作30秒。然后把左腿放在右腿上，重复上述动作按摩右腿。

07 跖腱膜

跖腱膜是用来支撑足弓的韧带组织，长距离跑步时不断地对其施压会造成这部分组织的紧张。利用高尔夫球可以有效缓解该部位的肌肉紧张。

1 坐下并让脚平放在地面，或者扶着椅子靠背站立，把高尔夫球放在地面上，并把脚放在球上。

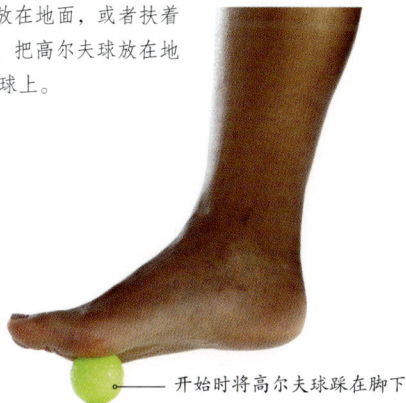

2 让高尔夫球在脚下滚动，从脚掌直线滚动到脚后跟，然后再滚回。如有必要，可以增大脚步的压力。一只脚按摩完之后换另一只脚。

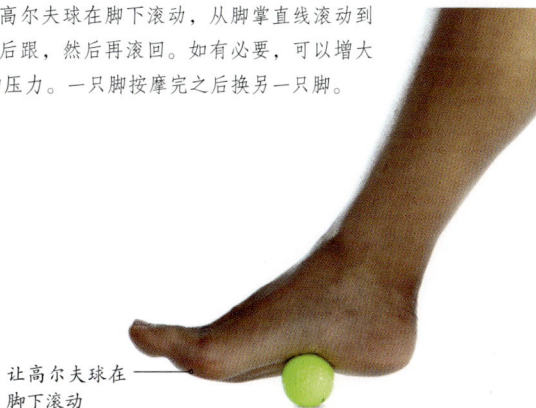

开始时将高尔夫球踩在脚下

让高尔夫球在脚下滚动

常见病痛

在训练和比赛过程中，很多铁人三项运动员都有过各种各样的疾病。实际上，做好日常的预防护练习及按摩（见150~153页）是可以防止这些病痛发生的。下面列举的大部分疾病实际上在家里就可以处理。

> ❝ 铁人三项运动实际上是三种体育运动的组合，学习一门急救课程是值得的。这会增加你的自信，因为你参加了三项比赛，变得如此健硕和强壮。❞

病痛症状	防护手段	急救措施
游泳肩 游泳技术不正确可能造成肩膀疼痛。抓水动作还未正确做完就急于推水，常常就会造成游泳肩（见20~27页的游泳分解动作）。	找一个教练纠正游泳技术。多做划水动作来平衡游泳所用的肌肉，抓水动作一定要正确（见16~17页和20~27页）。	多活动并按摩肩膀，洗澡时用热水冲疼痛区域，或者用热水袋敷。如果还是疼痛，就需要咨询理疗师了。
鼻子过敏 游泳时，游泳池里的氯对鼻腔有刺激性作用。在户外跑步或者骑车时，也会造成"跑步鼻"，这可能是过敏症状（如花粉热）或者鼻炎（鼻黏膜炎症）引起的。	游泳时选择含氯量低的游泳池，并使用鼻夹。在皮肤上涂一些凡士林，避免擦伤。	利用蒸汽房来抵消氯对鼻子的影响。跑步者和骑行者如果有鼻炎，应该看医生咨询专业意见。
鞍疮 骑行时与坐垫接触的身体区域（如臀部、大腿上部和腹股沟）可能长鞍疮而疼痛。鞍疮可能是皮肤毛囊感染而引起的。	使用抗菌软膏来减少摩擦并防止感染。骑行裤要经常换洗。	用清水清洗，然后轻轻擦干。在鞍疮上涂上抗菌软膏。如果整个区域被感染了，就需要看医生。
路面擦伤 如果骑行时摔倒并与路面发生摩擦，就会造成非常疼痛的路面擦伤。皮肤磨破的地方可能造成穿衣甚至睡觉都不舒服。游泳时这些擦伤的地方还有刺痛感。	路面湿滑时，不要把自行车轮胎打太足气，这样有利于弯道处对自行车的控制。骑车前把腿毛剃干净，这样有助于伤处的痊愈。	用热的肥皂水清洗擦伤区域，除去其上的脏东西。擦伤区域如果保持清洁干爽，会康复得快一些。痊愈前不要游泳。
腕管综合征 长时间骑行过程中，身体的重量压在手腕上，就容易得这种病。从腕部到手的神经会发炎疼痛，通常会造成手和手指麻木的症状。	检查自行车是否调节合适，避免骑行时让手承载过多的身体重量。戴骑行手套并保证手套在有问题的神经敏感区域有足够缓冲。	按摩这些区域可以缓解麻木的感觉，一些医生建议的运动操也会有帮助。情况严重时，可以考虑做个外科手术。

疾病症状	防护	急救
水泡 脚上长水泡有可能是因为穿了不舒服的袜子，或是穿了磨脚的训练鞋。如果水泡没有被感染，一般问题不大，但它们会让你不得不停训。	穿合脚的鞋袜。为了避免摩擦，可以穿双层袜，并且涂抹凡士林或护肤膏。	只要水泡不是很疼，就可以继续跑步。如果水泡破了，需要保持水泡清洁卫生，不然就会引起炎症。
跑步趾 脚指甲下面的血液会造成黑指甲。这主要是鞋不合适压迫脚指甲造成的。跑步趾一般不是什么大问题，但有的可能会很疼。	穿的鞋一定要合脚。常剪脚趾甲，并且确保自己跑步时不是拖着脚跑步。	如果疼痛，就歇几天，保持脚指甲洁卫生及干燥，以免感染。脚指甲可能会脱落，但很快又会长出来。
下腰疼痛 这种病在铁人三项运动员中非常常见，原因也是多方面的。大多数下腰疼痛是由于腰部受伤或压力过大引起的。对于年长的铁人三项运动员或工作中久坐的人群，这种病更为常见。请参考157页的坐骨神经痛。	常常运动腰部，使其保持灵活。游泳时可以多做浆式划水和深打腿练习，防止腰部肌肉压力过大。	按摩疼痛区域并拉伸肌肉。热垫对缓解下腰疼也有一定的功效。保持运动，而非长久休息，因为运动有助于缓解肌肉紧张。
延迟性肌肉酸痛 长期或高强度运动中肌肉纤维的微撕裂可能会造成延迟性肌肉酸痛（DOMS）。一般来说，运动后12~24小时后才有明显的疼痛感，具体取决于运动的强度。	如果想进行超负荷训练以获得快速进步，延迟性肌肉酸痛是在所难免的；拉伸可能还会加重病情，可以考虑使用充血法缓解（见69页和74~75页）。	活动酸痛区域，当酸痛并无大碍时重新恢复正常训练。这段时间多吃蛋白质含量高的食物（见88~91页）。
痉挛 痉挛的原因目前还没确切说法。肌肉可以出现痉挛，腹部也可能出现痉挛。如果是腹部痉挛，坚持跑一阵，痉挛就可以消失，但如果是肌肉抽筋，最好不要坚持跑下去。	平衡体内电解质可以降低痉挛发生的概率（见92页）。如果肌肉强壮而灵活，也可以降低痉挛概率。	停下来休息，直到不再感到不适。拉伸和按摩也有助于痉挛后恢复。如果仍然疼痛，请就医。
晒伤 长期受紫外线曝晒可能造成皮肤变红并掉皮（就算是温和或多云的天气也是如此）。严重的晒伤有疼痛感，并且会导致水泡。	在被阳光照射的皮肤区域涂上高指数防晒霜。穿防晒服，戴太阳镜。可能的话，可以选择在阴凉处锻炼。	对于晒伤，市面上的晒伤膏就比较管用，冷水也可以。不要让晒伤的区域仍然在阳光下曝晒，以免进一步晒伤。晒伤严重时，需要看医生。
心脏相关疾病 运动时天气太热，可能会造成中暑衰竭，这还可能进一步引发眩晕、头痛和抽筋。极端情况下会导致热射病，使得人体的热平衡系统整体失效，从而带来生命危险。	天气炎热时穿合适的衣服。增加电解质液的摄入（见92页），保持体内良好的补水状态。	待在阴凉处，保持身体凉爽，喝水不要太多太急（要小口啜饮）。情况严重时，寻找紧急救助。

常见损伤

几乎所有运动员都会时不时受伤。像韧带断裂或肌肉撕裂这样的急性损伤是忽然发生的，而慢性损伤则是因为过度训练而逐步形成的。务必认真对待这些伤病，因为一旦没有处理好，它们就有可能变成一个长期性的问题。

冰敷

绝大多数软组织损伤都不是大问题，在家应对就可以了。现代医学建议使用冰袋（用毛巾包着）冰敷损伤区域，并且尽量把该区域举高，用力按压损伤处。在受伤的前三天里，每两小时冰敷一次，一次20~30分钟。但要避免过度冰敷的情况发生，这不利于损伤区域的血液流通。

软组织损伤

如果肌肉、肌腱和韧带受伤，应该注意如下事项：

- 立即停止运动并估计受伤的严重性；
- 如果受伤的地方特别疼，使用冰敷并用绷带紧紧缠绕该区域，并把损伤部位举高；
- 如果疼痛或损伤非常严重，咨询急救建议，如果不能移动，就打电话叫救护车；
- 如果损伤不严重，48小时内不用管它，如果持续疼痛，去看医生；
- 如果损伤并无痛感，多活动活动损伤区域，还可以热敷。

损伤	症状	应对方法
肌肉拉伤 拉伤是指人体肌肉发生拉扯、扭曲或撕裂。肌肉拉伤分三个等级：一级拉伤是轻度拉伤；二级扭伤要严重一些，需要全面康复后才能恢复训练；三级拉伤参见后面介绍。	疼痛、肿胀、活动能力下降，还有可能发红。运动或者按压拉伤区域时，疼痛可能会加重。	如果很疼，可以对受伤区域进行冰敷。多活动拉伤区域，但不要对其施加压力。不要使用镇痛药，因为它们尽管能掩盖住疼痛，但有可能加重伤势。
韧带扭伤 人体韧带被拉扯、扭曲或撕裂时就会发生扭伤。韧带扭伤分三个等级：一级扭伤是轻度扭伤；二级扭伤需要全面康复后才能恢复训练；三级扭伤参见后面介绍。	疼痛、僵硬且可能肿胀。运动时疼痛可能会减弱，如若不然，说明伤势挺严重，受伤区域难以移动或承受压力。	如果很疼，可以对受伤区域进行冰敷。不要使用镇痛药，因为它们尽管能掩盖住疼痛，但有可能导致更大的损伤。
三级肌肉拉伤或韧带扭伤 三级肌肉拉伤或韧带扭伤是肌肉或韧带的彻底断裂。如果不加以处理，会造成永久性损伤并留下疤痕。	疼痛、肿胀、活动能力下降，还有可能发红。受伤时，甚至可能听见"啪"的断裂声。	立即停止运动，并咨询专业医疗意见。肌肉或韧带的彻底断裂可能需要做手术，接下来的几个星期还得做物理治疗。
应力性骨折 人体骨骼（尤其是脚、腿和骨盆）在过度训练、技术动作不当或者饮食不健康（见88~91页）的情况下会出现裂缝。如果不加以处理，会造成更加严重的骨折。	局部压痛（由于不对称平衡，通常只有一边疼痛）。受伤部位可能有发热肿胀的感觉，不能承重。	停止运动，并咨询专业医疗意见。可能需要拍X光片。为了保持健康水平，可以在专业医师指导下做一些非负重运动。
髌股关节疼痛综合征 患上髌股关节疼痛综合征（很多时候可能是先前损伤，如摔伤，引起的），膝盖附近会疼痛。当膝盖附近的股四头肌对膝盖产生不平衡的压力时，就容易出现这一问题。	当下楼或者跑步下山时，膝盖前侧会有疼痛感。膝盖关节之间能感觉到摩擦的声音，被称作"骨擦音"。	停止会引起患处疼痛的运动，冰敷以缓解疼痛。咨询理疗师，哪些运动可以帮助股四头肌正确牵引髌骨。

损伤	症状	应对方法
跟腱断裂 脚和脚踝附近很容易发生肌腱损伤。跟腱可能会部分断裂，但更常见的是彻底断裂。如果跑步技术较差或者以前患过跟腱病，发生跟腱断裂的风险就会高一些。	小腿肚忽然剧烈疼痛，然后是该区域不同程度的挫伤、肿胀和僵硬。跟腱断裂时甚至可能听到"啪"的一声响。	立即停止运动，并咨询专业医疗意见。跟腱彻底断裂可能需要做手术，接下来的几个星期还得做物理治疗。
跟腱病 不断地给腿部和脚踝施加压力，就可能造成这些部位的退化，症状就是跟腱部位及其周围出现疼痛感及炎症。尽管跟腱病可以治好，但之后复发的可能性也很大。跟腱病在年龄稍大的运动员中更为常见。	跟腱及四周疼痛或者不舒服，有时还会肿胀。小腿肚有时也变得僵硬，尤其是刚起床的时候。	休息、冰敷受伤区域以及做物理治疗都会对该疾病有帮助。如果这些措施效果不佳，可以做一个超声扫描或者磁共振扫描（MRI）。情况严重时需要做手术及康复治疗。
髂胫束综合征（ITB） 髂胫束是从臀部到膝盖外侧的一条类似韧带的筋膜。髂胫束发炎时就会出现髂胫束综合征。而造成髂胫束发炎的主要原因包括：臀部肌肉较弱、膝盖力量弱以及脚部过度内翻（内旋）。	膝盖弯曲或者伸直时，其外侧疼痛。大腿外侧有时也能感觉到疼痛、紧绷或和肿胀。跑步后这种感觉尤为强烈。	不要在山里或拱形的地形上跑。对受伤区域进行热敷并避免任何引起该区域疼痛的运动。最初的刺痛阶段结束后，可以尝试对受伤区域进行深层按摩，这对康复会有帮助。
足底筋膜炎（足跟骨刺痛） 足弓韧带或足底筋膜是脚跟到脚趾之间的纤维组织带。如果跑步技术不佳（如使用后脚跟着地），就会对足底筋膜产生过大的压迫感，从而造成该区域疼痛。	脚后跟疼痛，尤其在早上刚醒时。脚底或者外侧会有麻木的感觉。经过一段时间的休息，疼痛可能会消失。	疼痛没有消失就不能跑步。咨询理疗师如何恢复脚部力量以及如何正确地跑步。训练需要缓慢恢复，循序渐进。
胫骨应力疼痛 更专业的名称叫作"胫骨骨膜炎"，症状就是胫骨前侧疼痛。造成胫骨应力综合征的主要原因有：运动前热身不充分、训练强度或训练量忽然增加、运动技术较差、在硬地面上跑步以及跑鞋不合脚或者太陈旧。	胫骨疼痛，运动时更加明显。骨筋膜室综合征也可以引起胫骨应力疼痛。	停止运动，对受伤区域进行热敷或者冷敷，直到无疼痛感为止。请理疗师评价跑步技术并讨论如何进行力量康复训练。
骨筋膜室综合征 肌肉生长于结缔组织和骨骼之间的"隔间"内。骨筋膜室综合征就是"隔间"发生疼痛及肿胀并对其内的神经和血管造成压迫的疾病。造成该病的原因可能是该区域急性损伤或者长期的超负荷运动。	随着该区域运动负荷增加会越来越疼，以至于不能再进行运动。该区域还有可能有虚弱、刺痛和轻微麻木的感觉。	停止运动，并咨询专业医疗意见。如果不进行治疗，骨筋膜室综合征可能会造成肌肉和神经的永久性损伤。情况严重时可能需要做手术。
坐骨神经痛/椎间盘突出 对于跑步者来说，背部疼痛很常见，并且原因也很多，包括跑步技术不佳。坐骨神经痛是指从背部一直到腿部之间的区域疼痛。该疾病一个常见原因是椎间盘突出，因为它会对其中一根坐骨神经末梢产生压力。	下腰僵硬且有疼痛感。坐骨神经痛可能引起腿部刺痛、麻木或者虚弱，而椎间盘突出也会引起刺痛。	停止训练，但保持一定运动量（在不是特别痛的情况下），以防止肌肉萎缩。冰敷并使用镇痛剂；如果病状仍未消除，可咨询专业医疗意见。

体能评估表

可以使用下面的评估表来衡量自己的体能水平。评估时会用到29页和79页的器材。下一页的库珀12分钟测试用来计算最大摄氧量——身体的最大吸氧值。

静息心率（见29页）

这是衡量身体机能水平最简单的方法，只需要一块手表或者一个时钟。在测量中不要走动，在训练计划的不同阶段测量静息心率，这样就可以看到训练的效果和自己的进步。

1000

肌肉纤维能承担的最大重量是其自重的1000倍。

➤➤ 男子静息心率

年龄（岁）	18~25	26~35	36~45	46~55	56~65	65+
运动员级	49~55	49~54	50~56	50~57	51~56	50~55
很好	56~61	55~61	57~62	58~63	57~61	56~61
好	62~65	62~65	63~66	64~67	62~67	62~65
高于平均水平	66~69	66~70	67~70	68~71	68~71	66~69
平均水平	70~73	71~74	71~75	72~76	72~75	70~73
低于平均水平	74~81	75~81	76~82	77~83	76~81	74~79
差	82+	82+	83+	84+	82+	80+

➤➤ 女子静息心率

年龄	18~25	26~35	36~45	46~55	56~65	65+
运动员级	54~60	54~59	54~59	54~60	54~59	54~59
很好	61~65	60~64	60~64	61~65	60~64	60~64
好	66~69	65~68	65~69	66~69	65~68	65~68
高于平均水平	70~73	69~72	70~73	70~73	69~73	69~72
平均水平	74~78	73~76	74~78	74~78	74~77	73~76
低于平均水平	79~84	77~82	79~84	78~83	78~83	77~84
差	85+	83+	85+	84+	84+	84+

最大摄氧量测试（见79页）

最大摄氧量是指每千克体重每分钟吸收的氧气毫升数（本书使用国际单位制），使用在线计算器，选择测试量，就可以很快计算出得分。男子精英铁人三项运动员的最大摄氧量超过80，女子精英铁人三项运动员的最大摄氧量超过65。

➤➤ 男子最大摄氧量等级 [毫升/（千克·分钟）]

年龄（岁）	18~25	26~35	36~45	46~55	56~65	65+
很好	60	56	51	45	41	37
好	52~60	49~56	43~51	39~45	36~41	33~37
高于平均水平	47~51	43~48	39~42	35~38	32~35	29~32
平均水平	42~46	40~42	35~38	32~35	30~31	26~28
低于平均水平	37~41	35~39	31~34	29~31	26~29	22~25
差	30~36	30~34	26~30	25~28	22~25	20~21
很差	30	30	26	25	22	20

➤➤ 女子最大摄氧量等级 [毫升/（千克·分钟）]

年龄（岁）	18~25	26~35	36~45	46~55	56~65	65+
很好	56	52	45	40	37	32
好	47~56	45~52	38~45	34~40	32~37	28~32
高于平均水平	42~46	39~44	34~37	31~33	28~31	25~27
平均水平	38~41	35~38	31~33	28~30	25~27	22~24
低于平均水平	33~37	31~34	27~30	25~27	22~24	19~21
差	28~32	26~30	22~26	20~24	18~21	17~18
很差	28	26	20	20	18	17

库珀12分钟测试（见79页）

这个测试要么在跑道上进行，要么使用带GPS的手表测试。测试内容很简单，就是看12分钟能跑多远。根据测试结果，再利用79页上的公式就可以得出最大摄氧量。

» 男子分级

年龄(岁)	很好	好	平均	差	很差
17~20	大于3000米	2700~3000米	2500~2699米	2300~2499米	2300~2499米
20~29	大于2800米	2400~2800米	2200~2399米	1600~2199米	1600米或更少
30~39	大于2700米	2300~2700米	1900~2299米	1500~1899米	1500米或更少
40~49	大于2500米	2100~2500米	1700~2099米	1400~1699米	1400米或更少
50+	大于2400米	2000~2400米	1600~1999米	1300~1599米	1300米或更少

» 女子分级

年龄(岁)	很好	好	平均	差	很差
17~20	大于2300米	2100~2300米	1800~2099米	1700~1799米	1700米或更少
20~29	大于2700米	2200~2700米	1800~2199米	1500~1799米	1500米或更少
30~39	大于2500米	2000~2500米	1700~1999米	1400~1699米	1400米或更少
40~49	大于2300米	1900~2300米	1500~1899米	1200~1499米	1200米或更少
50+	大于2200米	1700~2200米	1400~1699米	1100~1399米	1100米或更少

强度区间

铁人三项训练需要结合不同强度区间的训练内容。当你力求用最少的努力达到既定配速时，可以用强度区间来评价训练强度和监控训练表现。一共分五个强度区间，每个强度区间有不同的生理反应，同时也有不同的训练效果，接下来我们就来总结一下五个强度区间各自的效果。把这些效果作为训练指南，根据比赛目标调整自己的训练，然后就可以走出家门，享受游泳、骑车和跑步的乐趣了。

理解强度区间

右边的表格有助于监控每次训练的强度分区，同时也让自己知道在比赛时究竟在什么样的运动区间内完赛比较合适。强度区间被定义为训练时的心率与最大心率之间的百分比。对于不同的人，强度区间也不相同。很多耐力型运动员遵循80：20的准则，即80%左右的训练，其强度控制在1~2区，20%左右的训练在3、4和5区进行。

有氧训练
低强度训练能让身体吸入足够的氧气，然后与体内储存的脂肪和糖原结合产生能量，当然也产生乳酸这样的副产品。

无氧训练
在这个强度区间的训练中，身体无法吸入足够多的氧气来提供能量，所以要更多地使用体内的糖原，从而产生更多的乳酸。在这种强度下训练60~90分钟，身体将需要额外补给。

快（缩）肌与慢（缩）肌
肌肉是由这两种基础纤维组成的。顾名思义，快肌收缩快但容易累，它有短促的爆发力来产生力量和速度，短距离铁人三项赛中的发力就是如此。慢肌收缩慢但工作更长的时间才会疲劳，所以它在耐力赛中用得更多，比如长距离跑步或骑车。

糖原
糖原是一种碳水化合物，储存在体内被当作能量。体内储存的糖原量是不断变化的，可以通过恰当的训练让肌肉吸收糖原的能力增强（见91页）。体内糖原耗尽会引起低血糖，又被称作"撞墙"。

乳酸
在有氧运动和无氧运动中，身体产生能量的新陈代谢过程会产生乳酸这一副产品。在高强度的无氧运动中，体内乳酸堆积得更厉害。

乳酸阈值
当进行高强度无氧运动时，身体产生乳酸的速度大于新陈代谢消耗掉乳酸的速度，从而造成乳酸堆积的现象。乳酸在肌肉中堆积，使得肌肉携氧能力下降，这样肌肉就容易疲劳。在乳酸阈值附近或者略低于乳酸阈值的强度区间运动，可以提高身体的乳酸阈值以及最大摄氧量。

血管舒张
运动时血管舒张得越多，心脏就可以给肌肉输送更多的氧气和营养物质，同时还能让血液中乳酸的新陈代谢进行得更快（见69页）。

最大摄氧量
最大摄氧量反映了身体吸收氧气的最大速度，也就是在进行游泳、骑车及跑步等运动时，身体能够吸入氧气的最大体积。身体的最大摄氧量越高，做有氧运动的能力也就越强。

训练强度

1 轻松
运动心率为最大心率的50%~60%
低强度训练主要用于长距离慢速练习（LSD）。以低于比赛的配速训练可以更好地锻炼有氧运动能力，为强度更大的训练做准备，这是铁人三项训练的原则。

2 有氧耐力
运动心率为最大心率的60%~70%
本运动区间属于中等强度，你开始找到合适自己的节奏。2区运动强度的训练，其配速低于大多数铁人三项比赛，但通常和大铁比赛的配速相当，和有些半程大铁比赛的配速也差不多。

3 乳酸阈值
运动心率为最大心率的70%~80%
这是高强度训练的主要运动区间，一般来说运动6~12分钟就会感到压力（Tempo运动大约要60分钟才有这种感觉）。3区运动强度的训练，其配速和短距离铁人三项赛和奥运标铁赛的配速相当，和半程大铁赛的游泳、自行车配速也比较接近。

4 最大摄氧量
运动心率为最大心率的80%~90%
这个区间的运动只能有效地维持6~12分钟。在竞技体育中，精英游泳运动员把它称作"第一浮标配速"。在速度比赛中，尽快地达到"第一浮标配速"至关重要。此后的比赛配速会降到3区。

5 最大强度
运动心率为最大心率的90%~100%
本区间的运动是个人运动强度的最大区间，这对身体有很高的要求。如果是游泳，只能维持150~200米；如果是骑车，大约能维持90秒；如果是跑步，大约可行进200~400米。比赛中一般不会选择这么高的强度区间。

- 低强度有氧训练;
- 增强身体向肌肉组织供氧的效率;
- 增强身体利用储存的糖原和脂肪供能的效率(尤其是长距离运动调动脂肪的能力);
- 增强身体总体的有氧能力;
- 促使多从技术角度进行的思考;
- 用于恢复性训练。

- 节奏稳定的有氧运动;
- 提高基础耐力水平,就可以运动得更久;
- 增强身体向肌肉供氧的效率;
- 希望使用脂肪燃烧作为能量,但更多的是糖原(所以一定要带够补积,以免出现低血糖);
- 增强身体总体的有氧能力。

- 从有氧运动过渡到无氧运动;
- 尽管仍在乳酸阈值以内,但肌肉中将产生更多的乳酸;
- 全面提高耐力;
- 增强身体应对高强度运动的能力;
- 调整努力程度、节奏和比赛配速的最佳强度区间。

- 深度无氧运动;
- 增强身体总体的能力利用效率,可能出现最佳状态的强度区间;
- 增加身体最大摄氧量和乳酸阈值的理想强度区间;
- 高强度运动的压力可以增强意志品质和整体的训练效果。

- 更深层次的无氧运动;
- 使用得当的话,可以提高速度、能量使用效率、力量和最佳表现的水平;
- 增加身体最大摄氧量;
- 压力巨大且要求苛刻,偶尔达到强度区间即可,并且要保证训练后有充分的休息。

专业词汇表

搬砖练习：运动员完成一项练习后直接进入下一项练习（比如从骑车进入跑步）的训练形式，可用来提高机体快速切换和适应运动形式的能力。

爆发力：最短时间内产生最大力量的能力，通过肌肉运动产生。

比赛配速：运动员按要求的时间完成一定长度比赛时所需的配速。

表现低迷：由于过度训练造成的疲劳和水平下降。

超量恢复：通过在训练中施加过量负荷给机体来提高表现的过程，可以帮助运动员适应更高一级的训练强度。

超越极限：超出身体承受极限的训练，这在短期来讲是可以接受的，但长期延续会导致过度训练。

（重复）次数：运动员不间歇地进行某项练习的次数。对比"组数"。

（重复）组数：运动员完成一系列重复动作的组别数。组之间有短暂的休息。

分区：衡量训练强度和持续时间的标准，本书中的等级为1~5区，其中5区难度最大。

低血钠：体液中钠离子含量过低时出现的一种症状，通常是由于长时间运动过程中过度饮水而不补充电解质造成的。

低血糖崩溃：由于糖原过度消耗导致的极端疲劳状况，通常被戏称为"崩掉"或"撞墙"。

电解质：身体中的必需矿物质，如钾、锌、钠等，会在人流汗时发生流失。

定位：在公开水域游泳时抬头往前看，了解自身位置的做法。

动力学链：机体中相互连接、协同产生运动模式的一整套肌肉、关节、肌腱、韧带和神经。

法特莱克跑：一种包含快慢交替环节的跑步训练方法。法特莱克的叫法来自瑞典语，意思是"速度游戏"。

分段计时：完成一段比赛或训练的用时。

跟随战术：隐蔽在其他的跑步、游泳或骑车选手身后，任由其他选手控制并挡风。大部分的三项比赛中，年龄组选手是不允许在骑行阶段使用跟随战术的。

滚筒：由滚动圆筒组成的训练器械，能让车手在上面原地不动地骑行。

国际铁人三项联合会（ITU）：国际上主管铁人三项运动的最高机构，1989年成立于法国阿维尼翁，这也是首届铁人三项世锦赛的举办地。

过度训练：由于训练过量导致的身体状况，通常表现为疲乏、虚脱以及伤病。

核心：身体位于肋骨和臀骨之间的部位并包含臀部的肌肉，集中负责支持和稳定躯干。

后侧：位于身后的部位。

滑液：润滑关节使其自由运动的黏稠液体。

换项区：铁人三项比赛中运动员进行项目切换及赛前装备布置（诸如赛车、毛巾、水、营养补给和跑鞋）的区域。

恢复练习：高强度练习后的低强度练习，旨在帮助身体恢复和修复损伤。

急性损伤：急性损伤是指突然发生的伤病，比如跟腱撕裂。

计时赛：中等距离上的个人骑行，以绝对用时来衡量。

间歇训练：一种交替进行高强度训练与低强度活动的训练方式，可显著增强心肌收缩能力，从而保证氧气有效地输送到机体各部位。

减量：随着比赛临近逐渐减少运动量的方式。

拮抗肌：又称对抗肌，是通过相反的收缩—伸展过程产生运动的一对肌肉，当其中一个肌肉收缩时，另一个肌肉伸展。肱二头肌和肱三头肌就是一对拮抗肌。

进阶练习：逐步增加运动负荷来提高表现的练习。

静息心率：身体处于休息状态下的心率。

康复：从伤病中完全恢复的过程。

力量耐力：一段较长的时间内进行对抗阻力练习的能力；而肌肉耐力则可以通过力量训练来提高。

两侧换气：在左右两侧都换气的游泳模式（通常是3下、5下或7下一换气）。

落地频率：跑步时每分钟的脚落地次数。

慢性损伤：经由一段较长的时间发展而来的伤病，通常恢复过程会比较漫长。

冥想练习：选手通过冥想特定运动项目或整个铁人三项比赛中所要进行的运动模式来做准备的一种训练手段。

耐力：肌肉长时间做工而不产生疲劳的能力。

耐力训练：一种用于提高选手耐力，增加机体有氧能力的低强度训练方法。

内侧部：位于或伸向身体中轴线的位置。

扭矩：使自行车脚踏转动所需的力。

排汗面料：见排湿面料。

排湿面料：吸收湿气尤其是体表汗液的面料。

跑步经济性：指定时间内运动员耗氧量的一种评价标准。经济性高，意味着跑得快。

配速：衡量速度的一种方式，通常按照每公里用时计算。

坡路训练：用于提高力量耐力和速度的训练科目。在自行车和跑步训练中练习爬坡可以显著提高运动员的乳酸阈值水平。

葡萄糖：所有碳水化合物在人体内的储存形式，也是糖类的一种基本形式。多余的葡萄糖以糖原形式储存在肝脏和肌肉组织当中。

骑行台：固定自行车后轮使其原地转动的器材，多作为室内训练用。

骑后跑：骑完车之后迅速进入跑步的一套训练。与搬砖练习不同，骑后跑是在长距离骑行让腿部足够疲劳时进行的，这样练习能让腿部肌肉更好地适应骑跑切换。

气动把：附加或集成到计时赛自行车的把手上用于提高空气动力学表现的车把。

前侧：位于前端的部位。

躯干：人体主干部分，包括胸和腹。

全球定位系统（GPS）：一种通过卫星来确定目标在任意时间地点的位置和运动速度的导航系统。GPS手表被运动员广泛用于记录诸如心率和运动速度等数据。

热身：放松关节和肌肉来为运动做准备的关键练习，其中也包括冥想练习。

柔韧性：关节活动的可触及范围。运动员的柔韧性可以通过拉伸练习来得到改善。

乳酸：肌细胞中葡萄糖代谢的副产物，通常会在高强度运动过程中产生。

乳酸阈值跑：比一般训练强度更大的跑步练习，有助于提高运动员的乳酸阈值。通过乳酸阈值强度训练可以帮助身体提高有氧代谢水平。

升糖指数（GI）：根据含碳水化合物的食物提高人体血糖水平快慢所做的排行。吸收慢的食物升糖指数较低，吸收快的食物升糖指数较高。

生物力学：研究身体机能与运动关系的一门科学。

水动力学：可用于指导水中平滑轻松的游动。

锁片：附在自行车鞋底部的金属或塑料片，可以嵌入专用的自行车脚踏中；这一套系统被称作"自锁"。

踏频：在自行车运动中是指蹬踏的速度，以转/分为单位；同样也可以指跑步中的蹬地频率和游泳中的划水频率。

碳水化合物：面包、土豆、意大利面等食物中富含的营养物质，用于为身体提供能量燃料。

糖原：葡萄糖在机体中的储存形式，通常分布在肝脏和肌肉组织当中。当糖原储备被有氧运动消耗降低之后，会感到疲劳。

提速：以比赛速度进行的短时间训练方式。

同位置集中训练：在整理过程中需要用到的方式，通过缓慢收缩和放松肌肉来促进疲劳肌肉附近的血液循环。

外侧部：位于或伸向机体外侧的部位。

无人之境：比赛和训练中经历得特别艰辛、吃力的阶段，多发生在铁人三项运动中某项活动的中间。

无氧：指对氧气的需求超出机体氧气供应速率的高强度运动形式，其字面上就是"缺少氧气"的意思。短跑是一种无氧运动。

心率：心脏每分钟搏动的次数。

心率计：用于记录并显示运动心率的设备。

心血管系统：指循环系统中与心脏和血管相关的系统。

训练课：包括热身、分解练习、核心课以及整理放松。核心课通常是游泳、骑车或跑步，但也可以包括力量和练习。

腰部的：特指背部下方位置的。

曳力：运动时降低选手速度的来自水或空气的阻力。

有氧：指主要消耗氧气进行代谢的运动过程，多用来描述较低到中等强度且延续时间较长、心率提升稳定的运动形式。以中等强度进行的长距离跑训练就是有氧练习的一个例子。

有氧耐力跑：运动员可以稳定保持一小时的跑步强度练习。

有氧能力：机体在运动时摄入、输运及代谢氧气产生能量的能力。

预防护练习：强化肌肉减轻训练损伤的一系列练习。

阈值功率（FTP）：运动员在1小时的运动时间内能够保持的最大平均功率。自行车选手通常使用功率计来测量阈值功率（FTP）。

运动经济性：选手在一定运动速率下对氧气的需求量。

针对性训练：为获得某种运动形式的最佳表现而做的相应练习。

整理/收操：强度训练或比赛之后进行的慢而缓和的拉伸练习，可以帮助机体恢复。

脂肪代谢化：改善饮食习惯和训练身体，从而更多地使用脂肪作为代谢燃料的过程。

主观强度评分表：一种基于主观感受评价运动强度的简单方法。评分表按0~10打分，10分代表最大强度。

专项练习：用于提高选手技术和效率的针对性、重复性的练习。

阻力训练：利用阻力（如体重、哑铃或阻力带）来增加肌肉力量和整体体能的训练方法。

阻力训练：通过阻力来增加肌肉强度和耐力的一种训练方式。

最大摄氧量：个体在运动中获取和利用氧气的最大能力，这个指标充分反映了个体的体能水平。

最大摄氧量速度：在最大摄氧量水平下人体所能达到的速度。

最大心率：心脏搏动的最高频率（次/分钟）。

索引

鸣谢

作者简介

詹姆斯·贝金赛尔（James Beckinsale），科学硕士，英国铁人三项协会高级教练，他是英国顶尖的铁人三项教练。自1998年起，他一直为参加从短距离到大铁距离比赛的铁人三项新手、年龄组老手以及精英选手们提供指导。其学员在欧锦赛、世锦赛、英联邦运动会乃至奥运会的各级别赛事中有着出色的表现，有的还登上了领奖台。

出版鸣谢

DK出版社谨对以下人员的辛勤付出表示感谢：

编辑：Claire Cross, Gareth Jones, Megan Kaye, Sabina Mangosi, Toby Mann, Andrea Mills, Darrelle Parker; Corinne Masciocchi（校阅）; Vanessa Bird（索引）。

排版：Mandy Earey和Simon Murrell。

发型及化妆设计师：Alli Williams。

模特：Optima athletes Archie St Aubyn, Natalie Thomas, Oliver Woods; Donna Louise, Martin Mednikarov, Christopher Pym, Emily Rogers（全部模特由Needhams模特代理公司提供。）

所有铁人三项比赛的照片都取自2015年AJ Bell伦敦铁人三项比赛。

所有图片版权信息归Dorling Kindersley所有。

安全提示